여자는 말하는 법으로 90%바뀐다

KB186741

여자는 말하는 법으로 90% 바뀐다

후쿠다 다케시 지음 | 송수영 옮김

이아소

말하는 법을 바꾸면 일과 사랑이 달라진다

사람들은 매일 듣고 말을 하면서 생활한다. 커뮤니케이션 없이는 한시도 살 수가 없다. 그렇게 절대 불가결한 것임에도 '말하는 법'을 향상시키기 위해 어떻게 해야 하는가 하는 문제에 부딪히면 대부분의 사람들이 쩔쩔맨다.

너무나 일상적이어서 말하는 것의 '엄청난 힘'을 깨닫지 못하는 사람도 있고, 혹은 어렴풋이 알고 있지만 정작 자신의 문제가 무엇인지 파악하지 못하는 사람도 있다.

다음의 항목 중 나에게 해당하는 문제가 있는지 우선 체크해보도록 하자.

- ☐ 말하는 것은 좋아하지만, 잘하지는 못한다.
- ☐ 일에는 재능을 발휘하는 편. 그러나 사람들과의 커뮤니케이션은 어렵다.
- ☐ 상대를 지나치게 의식해서 편하게 말을 걸지 못한다.
- ☐ 마음을 잘 전하지 못해서 고민하는 경우가 많다.
- ☐ 내 말을 잘 들어주길 바라지만 경청하는 사람이 별로 없다.
- ☐ 말을 조리 있게 잘하고 싶다.
- ☐ 용납이 안 되면 화가 치밀어 상대를 심하게 몰아세운다.
- ☐ 상대가 입을 다물고 있으면 어찌할 바를 모르겠다.
- ☐ 부탁을 받으면 잘 거절하지 못한다.
- ☐ "얘기를 제대로 듣지 않는다"는 말을 자주 듣는다.
- ☐ 칭찬을 해주고 싶은데 어떻게 해야 할지 모르겠다.
- ☐ 타인의 요구에 맞추기만 하는 자신에게 짜증이 날 때가 있다.
- ☐ "말투가 너무 거칠다"는 주의를 받은 적이 있다.
- ☐ 어색한 분위기를 전환하고 싶은데 어떤 말을 해야 할지 잘 모르겠다.
- ☐ 항상 밝고 미소가 아름다운 여성이 되고 싶다.
- ☐ 지금의 나를 바꾸고 싶다.

위의 항목은 모두 이 책에서 다루고 있는 것들이다. 커뮤니케이션에 관해 품고 있는 일상의 과제에 대해 '무엇이 문제이고', '어떻게 대처하면 좋은지'에 대해 여성의 입장에서 살펴보고자 한다.

이제 여성에게 '말하는 법'은 단순한 액세서리가 아니라 살아가는 데 필수항목이며, 수준을 업그레이드하는 데 결정적인 요소가 될 수 있다.

'지금의 나를 바꾸고 싶다.'

그렇다면 우선 '말하는 법'을 바꿔보자. 말하는 분위기가 바뀌면 전혀 다른 느낌을 준다. 누구나 부러워할 만큼 유창한 언변을 구사함으로써 자신감을 얻고, 더 나아가 인생을 바꾸는 데 이 책이 도움이 된다면 그 이상의 기쁨은 없을 것이다.

후쿠다 다케시

| 차례 |

여는 글 _ 말하는 법을 바꾸면 일과 사랑이 달라진다   5

1장
행복해지고 싶다면 **말하는 법을 바꿔라!**
● 일도 사랑도 인간 관계도 좋아진다

건성으로 듣는 남자의 주의를 끄는 방법   15

인사, 사소하지만 결정적인 습관   20

상대의 칭찬에 대응하는 법   24

들을 때는 '눈빛'과 '표정'으로   28

마음을 사로잡는 3가지 경청 포인트   34

'수다쟁이' 여자를 바라보는 남자의 심리   39

왜 남자의 말에 상처받는 걸까?   46

남자가 부정적인 말에 더 약하다   51

순간적으로 화가 날 때, 이렇게 해라   58

2장

아름답고 매력적인 **여자의 말하는 법**

● 꿈을 이뤄주고 성공을 부른다

'수다'에서 내실 있는 '대화'로   73

적절한 타이밍에 말하는 이에서 듣는 이로!   78

기분 나쁘지 않게 NO라고 말하는 법   83

마음을 읽으면 부탁도 어렵지 않다   88

매력을 반감시키는 험담, 비방   94

솔직하게 사과하는 사람이 성장한다   99

인정받고 싶다면 설명하는 능력을 키워라   104

때론 말 없이 지켜보는 것도 필요하다   109

상대가 듣고 싶어하는 칭찬을 한다   114

실패했을 때는 한층 밝게 용서를 구한다   119

3장
첫 만남에서 상대를 감동시키는 말의 마법
● 모든 사람과 좋은 관계를 맺는 여자의 스킬

처음 만난 사람과 가까워지는 법   127

좋은 인상을 주는 대화 요령   132

친한 사이라도 단정적인 표현은 피하라   136

칭찬이 효과를 발휘할 때, 빛을 잃을 때   141

남자는 이런 칭찬에 약하다   146

타인과의 비교는 불쾌할 뿐, 무익하다   151

반론에 능숙하면 존재감이 커진다   156

사랑하는 사람과 자꾸 삐걱거릴 때   161

반발을 부르는 강압적인 말투   166

4장
어떤 상황에서도 호감을 주는 외모의 기술
● 마음을 사로잡는 미소, 시선, 자세, 걷기

빈말은 속 보이는 얄팍한 전술   173

'미소'는 최고의 메이크업   177

시선 처리에도 연구가 필요하다 182

자세가 좋은 사람은 더 신뢰가 간다 186

걸음걸이에 따라 인상이 180도 달라진다 191

'전화 미인'은 적당한 거리감을 유지한다 195

전화로도 전해지는 배려와 인격 200

5장
말버릇으로 당신의 90%를 알 수 있다

● 말하는 법을 바꾸면 일과 인생이 행복해진다

'별로'_ 무관심 그 자체, 냉담한 반응 207

'한심해'_ 기대가 실망으로 바뀌었을 때 210

'하지만', '그게 아니라'_ 변명하다 나중엔 공격적으로 212

'죄송하네요'_ 사죄도 아니고 비꼬는 것도 아니고?! 215

'네, 네'_ 진중하지 않고 경박하게 느껴질 수도 218

'몰라~요'_ 눈웃음, 어리광을 받아주는 남성도 있지만 220

'당신도 그렇잖아'_ 일방적인 판단은 서로가 괴로워 222

'네에?'_ '무슨 바보 같은 소리예요?'라는 뉘앙스 225

'내가 뭐 그렇지'_ 대답이 궁할 때 자기 비하의 한마디 227

1장

행복해지고 싶다면
말하는 법을 바꿔라!

● 일도 사랑도 인간 관계도 좋아진다

건성으로 듣는 남자의
주의를 끄는 방법

듣는 사람의 반응은?

'말'을 의식하게 되면 어색하고 위축되기 쉽다. 개중에는 "더 말을 못하겠다"며 뒤로 빼는 사람도 있다.

그러나 어쨌든 우리는 매일 말을 하고 듣고 있다. 특별히 의식하지 않고 대화를 나누고, 수다를 떤다. '말하는 법', '듣는 법'에 대해 학교에서 배운 것도 아니건만, 어렸을 때부터 말을 하고, 들어왔다. 누구나 일상적으로 하는 것이기에 이를 특별하게 생각하지도 않는다.

그러나 사실 여기에 문제가 있다.

누구나 당연하게 생각하지만 또 한편으로는 어려워하는 가운데 무의식적으로 말을 하고 있다. 대화를 나눌 때 뭔가 문제가 느껴진다면 더 늦기 전에 말하는 법을 바꿔보자. 그리고 남의 말을 경청해 보자. 그러려면 우선 본인의 말을 점검해보는 것이 중요하다. 이를 통해 지금까지 전혀 알지 못했던 나쁜 습관을 발견할 수 있다. 그리고 발견한 문제점을 바로 개선한 뒤 자신의 이야기를 듣는 상대의 반응을 잘 살피도록 한다.

자, 그럼 이제부터 무심코 주고받았던 대화 속에 어떤 문제가 있고, 어떻게 하는 게 좋을지 따져보자. 말하는 법이 바뀌면 인생도 바뀐다.

의외로 건성으로 듣는 사람이 많다

매일 생활 속에 많은 말들이 정신없이 오간다. 사람들은 상대가 자신의 이야기를 열심히 듣고 있다고 생각한다. 그러나 잠시 한번 주위를 살펴보자. 누구나, 항상 나의 이야기를 열심히 듣고 있는가?

내가 듣는 입장이 되었을 때를 떠올려보면 잘 알 수 있을 것이다. 띄엄띄엄 듣거나, 멍하니 흘려보내거나, 집중하지 않았던 시간이 의외로 많지 않은가.

소리를 들을 뿐 그 내용을 경청하는 것은 아니다. 오히려 나의 메시지는 종종 상대의 귀에 전혀 닿지 않는 경우가 허다하다.

흔히 여자들이 하는 불평 중에 "내가 분명히 말했는데……" 하는 내용이 적지 않다.

아내가 남편에게 무슨 말을 하면 남편은 대개 "알았어, 알았어" 하고 대답한다. 그러나 대개는 '잘 듣고 이해했다'는 의미가 아니라 흘려들은 것에 불과하다. 즉 남편은 '또 시작이야. 조금 시끄럽겠군. 적당히 흘려듣자'는 생각으로 그 순간을 넘기기 위해 "알았어, 알았어" 하고 대답하는 것이다. 이를 문자 그대로 충분히 이해한 것으로 받아들인다면 나중에 오해가 생길 수 있다. 건성으로 들은 남편이 "처음 듣는 얘기야", "제대로 말해주지 않으니까 문제가 생겼잖아" 하고 핀잔을 주는 것이다. 결국 아내가 화를 내며 "분명히 얘기했는데 무슨 말이야?" 하고 언성을 높이게 된다.

일반적으로 남자는 여자들이 '수다스럽다'고 생각한다. 때문에 개중에는 제대로 듣지도 않고 "어차피 중요한 이야기도 아니겠지" 하고 아예 귀를 기울이지 않는다.

일단 수다스럽다는 오해를 사면 말은 아무 의미 없이 허공에 메아리칠 가능성이 높다.

똑같은 상황이 직장에서도 벌어진다. 상사로부터 "왜 빨리 말해주지 않았냐"는 추궁을 받는 것이다. "전에 말씀드렸는데요" 하고 억울한 듯 대꾸하면 결국 '말했다', '나는 들은 적 없다'는 말다툼으로 번지게 된다.

상대의 주의를 끌기 위한 방법은?

상대의 귀를 열기 위해서는 약간의 노력이 필요하다.

생각이 날 때마다 즉흥적으로 말하는 사람은 어디까지나 초보다. 대화의 달인은 "좀 들어줬으면 하는 얘기가 있는데……" 하고 운을 뗀 뒤 잠시 사이를 둔다. 상대가 "뭐?", "무슨 일인데?" 하고 집중했을 때 짧게 용건을 전한다. 꼭 전할 말이 있을 때는 "지금 괜찮아요?" 하고 확인하여 상대의 반응을 살핀다.

또 한 가지 주목할 것은 상대의 상태다. 파김치가 되어 돌아온 남편에게 기다렸다는 듯이 "있잖아요, 오늘 정말 큰일이 있었어요" 하고 달라붙는다면 싸늘한 반응을 각오해야 한다.

남편은 "그래", "응", "으흠" 하는 반응만 되풀이할 뿐 실은 전혀 듣지 않고 있다. 아니 들을 수 있는 상태가 아니다. 어깨도 축 처져 있고 표정도 밝지 않아 피곤한 상태임이 한눈에도 느껴진다. 분위기를 파악했다면 방법을 바꿔야 한다.

"할 얘기가 있는데 피곤해 보이니까 나중에 할게요."

'나중에'라는 말을 들으면 아무리 피곤해도 "간단한 것이라면 들어볼까?" 하는 마음이 든다.

"무슨 말인데?"

"아니, 나중에 해도 돼."

"지금 들을 테니 해봐."

이렇게 오히려 남편 쪽에서 적극적으로 나오게 된다. 상대가 내 말을 경청하도록 유도하기 위해서는 분위기를 잘 살펴서 기회를 포착해야 한다.

인사, 사소하지만
결정적인 습관

인사는 커뮤니케이션의 출발점

상대의 존재를 확인하고, 말을 건다. 바로 여기서 커뮤니케이션이 시작된다.

아무리 많은 사람들이 있어도 이는 단순히 누군가 존재한다는 것뿐 아무런 의미가 없다. 그들 중에서 특정 인물을 대화 상대로 지목하였을 때 비로소 커뮤니케이션을 의식하게 된다.

길을 가다가 우연히 아는 사람을 만나는 일이 종종 있다.

"A씨 아냐? 웬일이야?"

"B씨야말로 무슨 일이야, 여기에?"

무심코 이런 대화가 오간다. 두 사람 사이에 커뮤니케이션이 성립

하고, 이후 대화가 지속된다. 만약 둘 사이가 좋지 않았다면 서로 무시하고 지나갈 수도 있다. 커뮤니케이션이 발생하지 않은 채 그대로 끝나버린다.

경력 10년차의 직장 여성 S씨. 올해 갓 입사한 신입사원 C양을 복도에서 발견하고 "안녕!" 하고 말을 건다. C양 역시 "안녕하세요?" 하고 대답한다. 그러고는 S씨에게 다가가서 "선배님, 뭐 하나 물어봐도 돼요?" 하고 묻자 S씨는 웃는 얼굴로 "그럼!" 하고 대답한다.

특별할 것 없는 대화지만, 서로 상대에게 말을 걸면서 커뮤니케이션이 발생하고 뭔가 일이 생기는 것이다.

요사이 직장에서는 아침에 출근해도 각자 자기 컴퓨터 화면만 쳐다볼 뿐 서로 모른 척하거나 인사를 해도 돌아보지 않는 풍경이 일상화되었다. 상대를 알아보고 말을 거는 커뮤니케이션의 출발점 자체가 흔들리는 것이다.

사람을 눈앞에 두고도 대화 상대로 인정하지 않는 것은 의도했든 하지 않았든 결과적으로 그를 무시하는 것이다.

예를 들어 붐비는 전철에서 내릴 때 무뚝뚝하게 다른 사람들을 밀쳐내는 경우가 많다. 그러면 주변 사람은 일순 기분이 나빠진다.

그러나 "죄송합니다. 좀 내리겠습니다" 하는 한마디를 한다면 기꺼이 옆으로 몸을 움직여 길을 터준다. 여기에 밝은 미소까지 더해지면 옆 사람에게 자진해서 "내리는 사람이 있습니다" 하고 말을 해주기도 한다.

누구든 자신을 알아주고 말을 걸어주면 그 사람에 대해 좋은 인상을 갖게 마련이다. 조금만 용기를 내어 말을 걸어보자. 사람을 무시한다는 악평을 피할 수 있을 뿐 아니라 호감도도 한층 높아진다.

'인사'는 누구를 위한 것인가

인사를 받는 입장에서 보면 누군가 자신을 알아주는 사람이 없으면 섭섭한 마음이 들게 마련이다. "나 같은 사람한테는 인사도 안 하겠다는 건가?" 하고 불쾌한 마음이 슬며시 들기도 한다.

앞서 언급되었던 S씨의 이야기다. 해마다 그녀의 회사엔 젊은 신입사원이 들어온다. 남자 사원들은 젊고 귀여운 신참들을 보면 어떻게든 말을 걸고 싶어한다. 상대적으로 S씨 같은 연상의 베테랑 사원은 존재감이 희미해진다.

"그나마 아는 척을 해주는 사람도 성의 없이 '안녕' 하고 한마디 하는 게 전부예요. 신입 여직원들에게는 '잘돼가?', '뭐 도와줄까?' 하고 달라붙으면서 말이에요. 그런 모습을 보면 가끔 화가 나기도 해요."

S씨는 현재 제약회사에 근무하고 있다. 그녀의 업무는 병원 의사

들에게 의학 정보를 제공하고 자사 약품을 쓰도록 추천하는 것이다. 때문에 거의 매일 병원을 방문하는데 그때마다 의사나 간호사에게 항상 밝게 인사를 한다. 그렇다면 청소하는 아주머니, 매점에서 일하는 사람, 대합실에서 기다리는 환자, 연로한 방문자들에게는 어떨까?

"예전에는 거기까지는 생각하지 못했어요. 회사에서 아무도 말을 걸어주지 않는 게 얼마나 서운한 일인지를 겪고 나니 그분들이 눈에 들어오는 거예요. 지금은 가급적 인사를 합니다. 상대방도 나를 보면 눈인사를 하거나 아는 척을 해주어서 훨씬 즐겁게 일할 수 있게 되었어요. 이제는 직장에서도 내 쪽에서 먼저 인사를 하려고 해요. 그래서인지 밝아졌다는 말을 많이 들어요."

인사를 하면 대부분은 답례를 해준다. 상대를 인정하면 나도 인정받을 수 있다.

상대의 칭찬에
대응하는 법

솔직하게 감사할 줄 아는 사람은 인기가 높다

찰스 슐츠의 만화 《피너츠》는 세계적으로 널리 사랑받고 있다. 그 중에서 《스누피의 인생 안내》에는 짧으면서도 경쾌한 대사들이 넘쳐난다.

"인생이란 소프트 아이스크림과 같은 거야. 살살 빨아먹는 법을 배워야 해!"

항상 지기만 하는 찰리 브라운의 말이다. 그 외에도 인용하고 싶은 말이 많지만 그중에서도 특히 다음 말을 소개하고 싶다.

"칭찬을 받으면 '고마워!' 이 한마디로 충분해."

칭찬을 받았을 때 당신은 어떤 반응을 보이는가?

다른 사람한테 칭찬을 받으면 기분이 좋으면서도 한편으론 쑥스럽기 짝이 없다. 특히 남자들은 칭찬하고 싶어도 좀처럼 입 밖에 내지 못하거나 칭찬에 인색하다. 그런 사람이 모처럼 칭찬을 했는데 상대가 부끄러워하거나 지나치게 겸손하게 나오면 오히려 무안해질 것이다.

반면 바람둥이 남자가 하는 칭찬은 어떨까? "당신 머리 스타일이 잘 어울리는데요!" 하는 달콤한 말에 "아, 그래요? 그렇게 잘 어울리는 줄은 몰랐는데……" 하며 살짝 눈웃음을 섞어 대답한다면 이는 남자의 작전에 반은 넘어간 것이다.

칭찬받았을 때 간단하면서도 적절한 대답은 '감사합니다'이다. 말도 안 되는 칭찬에도 역시 강한 어조로 "감사합니다" 하고 간결하게 말해준다. 상대도 항복하고 사라질 것이다. 한편 성의 있는 칭찬에는 마음을 담아서 "감사합니다"라고 답한다. 말과 함께 나의 마음까지 충분히 전달될 것이다.

간혹 칭찬을 받았는데도 "비행기 태우지 마세요!" 하고 화를 내는 여성이 있는데, 이는 상대를 배려하지 못한 것이다. 무안을 당한 상대는 앞으로 두 번 다시 칭찬하지 않을 것이다.

그 외에도 "그렇게 칭찬하셔도 아무것도 나올 게 없어요"라든지 "그렇게 비행기 태우고 나중에 일을 도와달라고 하실 거죠? 절대 안돼요" 등의 반응도 있다. 주로 가까운 사이에서 자주 볼 수 있는 말투이므로 전적으로 나쁘다고는 할 수 없지만 역시 '고맙습니다'라는 말의 단순명료함에는 비할 수 없다.

'고마워요'라는 말을 잘 사용하는 여성은 시원시원하면서도 싹싹한 인상을 준다.

감사할 줄 모르는 여성을 위해

대부분의 남자는 여자로부터 '고마워요'라는 말 한마디를 듣고 싶어한다. 나 역시 다르지 않다.

지방 출장에서 돌아오는 길에 가족을 위해 선물을 사오는 일이 종종 있다.

"자, 선물!"

이때 선물을 받아든 아내가 기뻐하며 "고마워요!" 하고 말해주기를 남편들은 내심 바란다. 그러나 이 기대는 보기좋게 빗나가는 경우가 많다. 무심하게 선물을 받아 냉장고에 쑥 집어넣고는 "목욕하지?" 하며 마치 수속을 밟는 투로 나오면 그만 기분이 상해버린다.

"당신은 참 좋은 남편이야"라는 한마디도 좋을 것이다. 아니면 진심 어린 "고마워요"라는 인사만으로도 충분하다.

연애시절에는 "고마워. 이거 전부터 가지고 싶었던 건데. 너무 기뻐요"라며 좋아하더니 결혼 5~10년 만에 남자 심리를 깡그리 잊어버린 것일까.

"선물 같은 거 뭐하러 사와. 그것보다는 술 마시지 말고 일찍 들어와요. 그러면 '빨리 들어와줘서 고마워요' 하고 말해줄 테니까."

이런 아내의 반응, 당신은 어떻게 생각하는가?

지인 중에 가벼운 식사라도 대접을 받으면 다음에 만날 때 잊지 않고 "지난번에는 잘 먹었어요. 정말 고마웠어요" 하고 말해주는 여성이 있다. 항상 밝고 미소가 아름다운 사람이다.

들을 때는
'눈빛'과 '표정'으로

듣기가 '수동형'이라는 생각은 대단한 착각

수다는 좋아하지만 '말은 잘 못한다'고 생각하는 여성이 적지 않다. 그러면서 "듣는 것이라면 자신 있어" 하고 확신한다. 그녀들의 얘기를 듣고 있노라면 나는 내심 "정말입니까?" 하고 의문을 제기하고 싶어진다.

사람들은 대개 '듣는 것'에 대해 크게 오해하고 있다. "듣는 것은 간단하다", "몇 시간이고 들어줄 수 있다"고 말하는 사람의 상당수가 사실은 듣는 것을 가볍게 여긴다.

"듣고 있는 척하면서 잘 듣지 않는 사람."

"흘려들으면서 열심히 듣는 척하는 사람."

이런 사람이 주변에 적지 않은 것이 바로 그 증거다.

많은 사람들이 듣는 것을 수동적인 자세로 받아들여 그저 가만히 있기만 하면 된다고 생각한다. 경청의 달인이 되기 위해서는 바로 이런 인식을 바꾸는 것이 가장 중요하다.

● '듣기'란 수동형이 아니라, 적극적으로 활동하는 것

사람들의 이야기를 집중하여 잘 듣다 보면 생각하지 못했던 점을 발견하게 된다. 별로 듣고 싶지 않은 껄끄러운 이야기는 듣는 척하면서 얼렁뚱땅 시간을 때운다. 혹은 딴 데 정신이 팔려 흘려듣는다. 깜박깜박 졸기도 한다. 누구나 이런 경험이 있을 것이다.

'그럼에도 불구하고' 제대로, 항상 열심히 듣는 것은 그리 쉬운 일이 아니다.

'말하는 것'과 '듣는 것' 중에서 말하는 쪽이 더 어렵다는 것도 오해다.

'말하는 것'은 '분출하는' 행동이다. 내부에 고인 감정을 말로써 분출하고 나면 마음이 한결 가벼워지고 기분도 풀린다. 반면 '듣는 것'은 일방적으로 '받아들이는' 것, '수용하는' 것이므로 결코 만만한 일이 아니다.

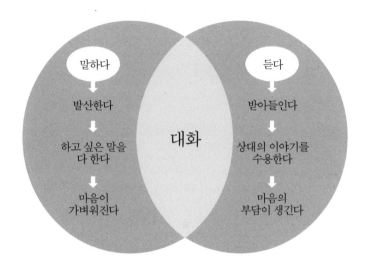

한 여성이 풀이 죽은 채 동료에게 푸념을 한다.

"휴, 피곤해서 입도 뻥긋 못하겠다."

"힘들어 보이네."

"그렇다니깐. 완전히 질렸어. 회의가 예정보다 한 시간이나 길어졌잖아. 다 끝나고 겨우 쉬려고 했더니……."

"그런데 왜?"

"정리하고 마치려는데 내일 프레젠테이션 준비를 하라는 거야. 우리 과장님은 도대체 무슨 생각을 하는 건지."

입도 뻥긋 못하겠다던 사람이 잘도 말을 한다. 특이한 것은 그녀가 수다를 떨면서 점점 기운을 차리는 것이다.

"내일 당장 프레젠테이션을 하라는 것은 너무 심하잖아. 나는 영업 담당인데 말이야. 도입 부분 정도라면 모르지만 본격적인 제안 부분이라면 제작 담당이 해야 하잖아. 그런데도 급하게 나보고 하라는 거야."

"언제 이야기야?"

"언제일 것 같아? 바로 어제야."

듣는 이가 제대로 반응해주기만 하면 말하는 사람은 점점 말이 많아지고 표정에 생기까지 돈다. 그러나 듣는 사람은 다르다. 설상가상 듣는 사람도 피곤한 상태라면 친구의 불만이나 푸념을 들어주는 것이 생각처럼 쉽지만은 않다.

'듣기'도 자기표현이다

열심히 이야기를 듣고는 있지만 언짢은 표정을 하고 있다면 어떨까?

"듣는 표정이 왜 그래? 뭐가 그리 언짢은 거야?"

"똑바로 듣고 있으니 상관없잖아. 얘기나 계속해봐."

하지만 말하는 입장에서는 도무지 의욕이 나지 않는다.

대개 남자들은 특별한 이유도 없이 언짢은 표정을 짓는 경우도 많아 신경 쓸 정도는 아니라 하더라도, 듣는 사람이 뚱한 표정을 짓고 있다면 말하는 입장에선 기분이 좋지 않다.

때때로 상대방이 듣고 있는 나를 주시하고 있다는 사실을 간과하고 있지는 않은가? 사람들은 잠자코 듣기만 하면 된다고 착각한다.

지금 눈앞에서 누군가 말을 하고 있다. 그리고 그는 자신의 이야기를 제대로 듣고 있는지 나를 예리하게 주시하고 있다.

보통 경청의 달인이라는 사람들은 상대의 화제를 부추기면서 반응도 즉각적이다.

"나는 당신 이야기를 제대로 듣고 있어요."

"당신 메시지는 하나도 놓치지 않고 내게 잘 전달되고 있어요."

이처럼 눈짓이나 표정 등을 통해 상대에게 열심히 듣고 있음을 계속해서 알려야 한다.

● 듣는 것도 표현이다

좋은 경청자가 되고 싶다면 우선 위의 계명을 잘 실천하는 것이 중요하다. 그저 가만히 듣고 있는 것은 경청이라고 할 수 없다.

이상의 내용을 짧게 요약하면 다음과 같다.

"경청이란 단순히 상대의 이야기에 귀를 여는 것뿐만 아니라, 분명하게 내용을 전달받았다는 사실을 알려줌으로써 상대를 안심시키는 것이다."

마음을 사로잡는
3가지 경청 포인트

상대가 보내는 메시지를 살펴라 – 포인트 ①

이런 상사가 있다.

"힘든 일이 있으면 언제든 얘기하세요. 무슨 이야기든 들어줄
테니."

그 말에 힘입어 대화를 시도하지만 사실 상사는 항상 바쁜 듯 정
신이 없어 도저히 이야기를 들어줄 상황이 아니다. 혹은 모처럼 이
야기를 꺼냈더니 "왜? 그게 아닐 텐데" 하고 바로 말을 잘라버리기
도 한다. 하고 싶은 말의 일부밖에 하지 않았는데 상사는 이미 저만
큼 자취를 감춰버리고 말았다.

반면 "부하직원이 난처한 표정을 짓고 있으면 그 기색을 눈치 채고

"뭔가 하고 싶은 말이 있지 않아?"라며 말문을 열어주는 사람이 있다. 미소 띤 얼굴로 "뭐가 잘 안 돼?" 하며 신경 써주는 사람도 있다.

"안녕하세요?" 하고 인사하는 목소리에 힘이 없는 것을 알아채고 점심시간에 "어때, 컨디션은?" 하고 말을 걸어준 뒤 "점심 같이할까?" 하고 가볍게 다가온다.

이런 친절을 베풀 줄 안다면 당신은 누구와도 자연스럽게 커뮤니케이션 할 수 있는 능력자가 된다. 반면 입으로만 "무슨 얘기든 다 들어주겠다"는 사람은 겉과 속이 다른 타입이다.

말은 항상 '눈'으로 들어라 – 포인트 ②

'듣기'는 상대를 받아들이는 행동이다. 관공서 창구에서 종종 사람을 쳐다보지도 않고 "무슨 일입니까?" 하고 응대하는 공무원이 있다. 그러면 이쪽은 의기소침해져서 "저기 뭐 좀 물어봐도 돼요?" 하고 말하게 된다. 내가 보내는 발신을 상대가 제대로 받아들일 준비가 안 되어 있으면 불안해지기 때문이다.

창구 사람이 얼굴을 들고 나의 눈을 보면서 "예, 말씀하세요"라고 해야 용건을 꺼내게 된다.

상대방이 말할 때는 그의 눈을 봐야 한다. 시선을 마주치지 않는 것은 상대를 무시하고 고립시키는 것이다. 상대를 향하는 눈은 "자,

이제 이야기를 해보세요" 하고 발신을 재촉하는 효과가 있다.

눈을 보는 것은 마음의 움직임을 살피는 것이기도 하다. "눈은 마음의 창"이라고 하지 않던가. 부드러운 눈으로 상대의 심리도 놓치지 않겠다는 마음가짐이 있을 때 비로소 상대의 마음을 파고드는 응답도 가능하다.

맞장구로 말하는 사람을 리드하라 - 포인트 ③

여자들은 이야기를 들을 때 고개를 잘 끄덕이는 편이다. 반면 남자들은 고개를 끄덕이면 손해라고 생각하는지 도통 반응이 없다. 그러나 실은 고개를 끄덕이지 않는 것이 오히려 손해다.

다만 내용에 관계없이 반사적으로 고개를 끄덕이는 것은 좋지 않다. 적절히 중요하다고 생각되는 대목에서 분명하게 끄덕여주면 된다.

그 외 상대의 이야기에 동의하며 말로 다시 표현해주는 '맞장구'가 있다.

"그렇군요."

"그런 일이 종종 있지요."

"진짜 그래요."

이런 식으로 호응해주면 말하는 사람은 상대도 자신의 말에 동의

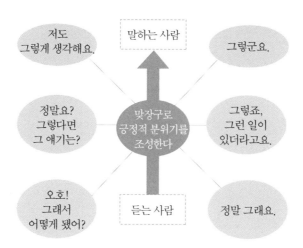

한다고 생각하여 화제를 이끌어나가기가 수월해진다. 그런데 처음부터 "그런 게 아니라……", "아니에요", "그건 좀 이상하네요" 하는 식으로 흐름에 제동을 걸면 말하는 사람은 당황하게 된다.

실제로 나의 지인 중에 상대가 말할 때마다 "아니, 그게 아니고" 하고 말버릇처럼 부정하는 사람이 있다. 요사이는 익숙해져서 그리 신경 쓰지 않게 되었지만, 처음 얼마간은 대화하기가 껄끄럽고 부담스러웠다.

이야기를 다 듣고 대화의 요지를 파악한 뒤 "나는 이렇게 생각한다"며 반대 의견을 제시해도 결코 늦지 않다. 부정적인 반응이 자꾸 나오면 마음 약한 사람은 다음 말을 이어가지 못할 수도 있다.

맞장구는 상대가 말을 하기 쉽도록 윤활유가 되어준다. 따라서 듣는 쪽에서 충분히 분위기를 만들어야 할 것이다.

'수다쟁이' 여자를
바라보는 남자의 심리

말하기 전에 우선 들어라

잘 듣는 사람이 말도 잘한다. 그 이유는 뭘까?

우선 '말의 달인'이라고 하면 어떤 사람을 가리키는 것일까? 머리가 좋고 언변이 뛰어나고, 시원시원하게 다음 이야기가 흘러나오는 사람. 이런 부류를 흔히 말을 잘한다고 한다. 그러나 한 가지 알아두어야 할 것은 일방적인 발신은 커뮤니케이션이 아니라는 사실이다. 아무리 번드르르하게 말을 해도 눈앞의 상대가 안중에 없다면 달인이라고 할 수 없다.

나의 '화술 강좌' 수강자 중에 젊은 미인이 있는데, 그녀는 시원하게 말을 잘한다. 한번은 같은 수강자 중 한 사람이 그녀에게 물었다.

"상대가 말귀를 못 알아들으면 어떻게 하세요?"

"질문을 해서 다시 확인을 하겠지만, 그래도 잘 모르는 경우는 그 사람을 상대하지 말아야죠. 시간이 아깝잖아요."

그녀의 분위기에 압도되어 질문한 사람은 입을 다물었고, 순간 강의실 안이 싸늘해졌다. 자신의 이야기는 항상 통할 것이라는 자신만만함이 앞선 나머지 그에 부응하지 못하는 상대는 무시하는 것이다. 이런 사람은 남들에게 결코 호감을 주지 못한다.

커뮤니케이션은 '말하고' '듣는' 것의 상호작용이다. 그러므로 말만 하고 듣지 못하는 사람은 아무리 말을 잘해도 달변가라고 할 수 없다.

● 말을 잘하고 싶으면 잘 듣는 사람이 되어라

그렇다면 나의 이야기를 잘 듣도록 하려면 어떻게 해야 할까? 재미있는 이야기, 흥미로운 이야기를 하는 것도 중요하지만, 꼭 알아두어야 할 것이 있다. 먼저 상대의 이야기를 듣는 것이다.

여자의 경우 언어중추가 좌뇌와 우뇌 양쪽에 존재하고 양쪽의 통로인 뇌관을 언어가 활발하게 오가기 때문에 본디 언어 능력이 탁월하다. 그 때문인지 여자들은 기본적으로 말을 더 하고 싶어하고, 대화를 통해 마음을 표현하고 싶어한다.

　서로 일이 바빠서 한 달 만에 만난 연인이 있다. 이때 대개 여자 쪽이 "그동안 하고 싶은 말이 얼마나 많은지 몰라. 내 말 들어봐" 하고 서두르는 경향이 있다. 그나마 남자가 애인의 말을 잘 들어주는 타입이라면 맞장구를 치며 듣다가 적당한 틈에 "실은 나도 말야……" 하고 자신의 이야기를 꺼낼 것이다. 그 타이밍이 잘 맞아떨어지면 대화는 순조롭게 이어진다. 그런데 실은 이렇게 대화를 잘 이끌어가는 남자가 그리 많지 않다.

　그보다는 끝없이 이어지는 여자의 이야기에 '도대체 언제까지 혼자 떠들 거야?' 하고 언짢게 생각하는 쪽이 더 많다.

　한창 열애 중인 시기이거나, 교제 기간이 길어 서로를 잘 아는 경우라면 "아, 잠깐만" 하고 분위기를 바꾸겠지만 이 역시 여의치 않다. 상대 역시 말하고 싶은 것이 있다는 것을 항상 염두에 두어야 한다. 남자에게도 말할 기회를 주지 않으면 점점 상대도 나의 이야기에 귀를 기울이지 않게 된다.

　말하기 전에 먼저 들어줄 것. 이것이 가능해지면 상대도 나의 이야기에 열심히 귀를 기울일 것이고, 신뢰도 높아진다.

상대를 알기 위해서는 귀를 여는 것이 우선

커뮤니케이션은 서로 상대를 '인식', '이해', '존중'함으로써 성립한다. 상대를 인정하면 더 깊이 이해할 수 있게 된다.

누구나 상대에게 인정받고 싶어한다. 그러나 이런 마음을 일방적으로 강요하게 되면 역으로 아무도 나를 알아주지 않게 된다.

상대에 대해 알려고 하지도 않으면서 자기만 알아주길 바라는 것은 염치없는 일이다. 또한 자기중심, 제멋대로인 행동이다. 이를 머리로는 알면서도 인정받고 싶은 마음이 앞서다 보면 자신도 모르는 사이 실수를 범하게 된다.

"당신은 너무 자기중심적이야."

"무슨 소리야. 이기적인 사람은 바로 당신이야."

남녀 사이에 이런 말싸움이 벌어지는 모습을 쉽게 볼 수 있다. 서로 상대에게 지나치게 기대하면서 정작 자신의 이기심은 아랑곳하지 않기 때문에 벌어지는 다툼이다. 이해받기를 바라면 나 역시 상대를 이해하려고 노력해야 한다.

이때 주의해야 할 함정은 상대에 대해 이미 잘 알고 있다는 착각이다. 대부분 실제로 잘 아는 것이 아니라 알고 있을 것이라는 착각에 불과하다.

매일 야근을 하느라 파김치가 되어 들어오는 남편에게 아내가 아무 생각 없이 말한다. "요즘 과로하는 거 아녜요? 당신, 사람이 물렁해 보이니까 일이 자꾸 몰리는 거야." 그러면 남편의 반응은 어떨까? 남편은 가뜩이나 피곤한 상태인데 더욱 신경이 날카로워지면서 "당신이 뭘 안다고 그래?" 하고 소리를 칠 것이다.

아내는 말을 하기 전에 남편에게 어떤 사정이 있고, 무슨 생각을 하는지 살펴볼 필요가 있다. '과로'나 '성격이 좋다'는 식의 판단을 미리 앞세우는 것은 좋지 않다. 특히 상대가 가까운 관계이다 보면 혼자 추측하여 상대를 몰아세우기 쉽다.

"요사이 피곤해 보이는데, 괜찮아요?" 하고 가볍게 물어보자. 남자들의 불편한 심기는 대개 말을 하지 못하는 데서 비롯되는 경우가 많다. 띄엄띄엄 속내를 털어놓는 사이 남편도 어느새 괴로움을 한층 덜 수 있다.

"실은 전부터 한 명 결원이 있었어."

"아무래도 부담이 컸겠네."

"응. 지금까지는 어떻게 버티어왔는데, 얼마 전 새로운 주문이 들어오는 바람에 더 바빠졌어."

"그런데도 여전히 충원이 안 됐나 봐요?"

"응. 과장님한테 열흘 전에 벌써 말했는데, 어떻게 해보겠다고만

하면서 증원은 둘째치고 결원 보충도 안 된 상태야."

"그래서 매일 늦었군요."

"다행히 다음 주부터 한 명이 충원된다고 하니까 조금 나아지겠지."

남편의 말을 통해 사정을 파악하면 대화를 매끄럽게 할 수 있게 되어 불필요한 다툼을 막을 수 있다.

싸움은 대개 상대를 이해하지 못하는 데서 비롯된다. 이해하기 위해서는 상대의 이야기를 듣는 것이 우선이다.

'듣기 능력'이 없으면 말도 제대로 하지 못한다

말을 잘하는 사람은 말하기보다 듣는 것을 더 중요시한다. 듣지 못하면 말하지 못하기 때문이다. 상대의 말을 제대로 들으면 세 가지 이점이 있다.

① 상대도 나의 이야기에 귀를 기울인다.
② 상대를 이해할 수 있다.
③ 상대에 맞는 적당한 대화를 나눌 수 있다.

아예 이야기를 듣지 않고 딴짓을 한 것도 아닌데 요지를 파악하지 못하고 나중에 엉뚱한 소리를 하면 어떨까? 상대는 '?' 하는 얼굴로 실망을 할 것이다.

　상대의 말에 열심히 귀 기울이는 이유는 자신이 이야기할 때 화제를 제대로 이끌어가기 위해서다. 말주변도 없으면서 대화에 집중하지도 않으면 커뮤니케이션이 제대로 이루어지지 않는다. 말을 못하는 원인은 잘 듣지 않는 데 있다. 말을 잘하고 싶다면 먼저 귀를 열어라.

왜 남자의 말에
상처받는 걸까?

친하다고 말이 잘 통하는 것은 아니다

매일 얼굴을 마주 대하는 친한 사람에게는 '동료의식'을 느끼게 된다. 그러나 아무리 친해도 상대는 완전한 타인에 지나지 않는다.

아무리 부부 사이라 해도 엄연히 남남이다. 그런데 대화를 할 때 이같이 당연한 사실을 잊어버리는 경향이 있다.

아내가 아침에 이불 속에서 나오지 않은 채 말을 건다.

"아무래도 감기에 걸린 것 같아요. 열이 나고 몸 여기저기가 쑤셔서 일어날 수가 없어요."

아내는 남편이 걱정스러운 듯 "괜찮아? 감기약을 먹는 것이 좋지 않겠어?" 하고 말해주길 바랐건만, 남편은 생뚱맞게도 "그럼 오늘 저녁밥은 어떻게 하지?"라고 말한다.

아내는 그만 화가 나서 "당신은 내 몸보다 밥이 더 걱정되지? 나는 어떻게 돼도 좋다는 거야?"라고 말하며 남편을 흘겨본다.

한편 남편은 단순히 물어본 것일 뿐인데 뭘 그리 화를 내냐는 식이다.

서로 자신의 마음을 알아주길 바라지만, 결국 완전한 타인일 뿐임을 확인하게 되는 순간이다. 남편은 나와 다른 사람이고, 더구나 남자라고 하는 성이 다른 생물체다.

보통 남자는 특별한 사건에 반응하여 먼저 어떻게 해야 할지를 생각한다. 그렇다고 해서 아내의 몸을 걱정하지 않는 것이 아니다. 감정에 중점을 두는 여자와는 분명 차이가 있다.

그러나 함께 오래 지내다 보면 서로 다른 성(性)을 가진 존재임을 잊어버리고 똑같이 생각하고 느끼는 존재라고 착각한다.

무라카미 류의 《모든 남자는 소모품이다》라는 작품에 이런 이야기가 나온다. 작가와 친구와 그의 애인 셋이서 스테이크로 유명한 레스토랑에 갔다. 그 자리에서 친구는 애인에게 "당신의 행복을 생각해서 우리가 헤어지는 게 좋겠어" 하고 얼토당토않은 말로 이별을 고한다. 갑작스러운 이별 통고에 여자는 눈물을 흘리기 시작한다.

이때 레스토랑의 자랑인 스테이크가 나온다. 그녀는 눈물을 흘리는 와중에도 스테이크를 한입 먹더니 작가 쪽을 보며 이렇게 말한다.

"맛있어요. 이 스테이크, 정말 맛있어요. 식기 전에 드세요."

이별의 슬픔 때문에 음식이 넘어갈까 싶었는데, 너무나 충격적인 대사였다. 후에 아는 여자에게 그 말을 했더니 그녀는 웃으면서 대수롭지 않게 말했다. "여자는 남자에게는 없는 뇌를 갖고 있는데 아마 스테이크를 먹은 것은 그 다른 뇌인가 보네요."

아무리 생각해도 남자와 여자는 완전히 다른 뇌 구조를 가지고 태어난 것 같다.

어떻게 받아들일지는 듣는 이가 결정한다

커뮤니케이션을 하다 보면 내가 하는 말이 상대방에게 그대로 전달되는 일은 흔치 않다. 그보다는 듣는 이가 어떻게 받아들이는가에 따라 의미가 결정된다. 즉 듣는 이에 따라 그 말의 의미가 다르게 해석될 수 있는 것이다.

"나는 그렇게 말한 기억이 없는데……."

기억이 없든, 설령 그런 의도로 한 말이 아니든 어떻게 해석하는가는 전적으로 듣는 이의 몫이다. 종종 내가 한 말이 전혀 예상치 못한 방향으로 받아들여지는 것도 바로 그 때문이다.

엔지니어로 구성된 프로젝트 팀이 회의를 하다가 중간에 잠시 휴식 시간을 가졌다. 다들 잡담을 하고 있는데 한 남자 직원이 "자, 그럼 내가 커피를 내올까?" 하며 일어섰다. 그러자 한 여자 직원이 "그런 식으로 말씀하시면 제가 내와야죠" 하고 불쾌한 듯 말하며 나갔다. 그녀는 남자 직원의 발언을 "여자인 당신이 하지 않으면 내가 하는 수밖에"라는 의미로 받아들였던 것이다. 그러나 그는 그럴 의도가 전혀 없었다.

말이 자신의 의도와는 전혀 달리 상대에 의해 결정되기 때문에 커뮤니케이션이 어렵다고 하는 것이다. 물론 그것을 계기로 서로의 차이를 발견하게 되기도 한다. 그런 점에서 커뮤니케이션을 나눈다는 것은 서로를 알아가는 과정인 셈이다.

단 한 가지라도 알아준다면 그것으로 만족

"내 이야기가 상대에게 제멋대로 해석되다니, 너무해."

혹 이렇게 생각하는 사람도 있을 것이다. 그러나 상대는 자기 나름의 판단 기준이 있으므로 이를 빨리 인정하는 것이 현명하다.

"말만 하면 상대도 다 알 것이다"라는 믿음이야말로 오히려 순진한 것일지 모른다. 종종 커뮤니케이션은 예기치 못한 상황을 부르지 않는가.

이런 난관에도 불구하고 사람들은 서로를 이해하려 노력하며, 커뮤니케이션에 의한 마음의 교류를 원한다.

다니자키 준이치로(일본의 심미적 작풍을 연 대표적 현대 소설가 - 옮긴이)는《다니자키 준이치로 질문상자》에서 이렇게 말하고 있다.

나는 항상 의심한다. 소통이 잘될까, 이해가 되었을까, 뭔가를 느꼈을까…….

이는 타인과 통하고, 이어지고 싶은 욕구가 있기 때문이다. 다니자키의 경우 작품을 통해 이를 갈구하였지만, 사실 일상의 말 역시 이와 다르지 않다.

그렇다면 '내 말을 상대가 다 이해해주었으면 좋겠다'고 생각하는 것이야말로 지나친 욕심이 아닐 수 없다.

잘 통하지 않기 때문에 상대에게 어떻게 들릴지도 고민하게 된다. 그럼에도 불구하고 뜻대로 잘 전달되지 않는다. 그런 가운데 한 가지만이라도 상대가 알아주는 것이 있다면 그것으로 만족하게 된다.

이런 경험이 점점 쌓이면서 말하는 법도 조금씩 향상된다. 더불어 삶 역시 변화한다.

남자가 부정적인 말에
더 약하다

상처받기 쉬운 우리 마음

급한 용무가 있어 택시를 잡았다. 목적지를 말하고 "너무 가까운 곳이라 미안합니다"라는 말을 덧붙였다.

그러자 운전기사는 "천만에요. 가까워도 멀어도 다 똑같은 손님이죠" 하고 시원하게 대답했다. 미안하게 생각하던 차라 이 같은 긍정적인 한마디가 더욱 기분 좋게 들렸다.

한편 상사에게 제안서를 제출했는데, "이게 뭐야, 양식도 제대로 맞추지 못했잖아. 제안서 하나 똑바로 못 써?" 하고 큰 소리가 날아왔다.

"예? 어디가 잘못되었는데요?"

"다시 써와!"

아무리 밝은 성격의 E양이지만 순식간에 일할 의욕이 사라지고 만다.

사람의 마음은 항상 움직인다. 사소한 말 한마디에 기분이 좋아지기도 하고 실망하기도 한다. 자신만만, 무슨 말을 들어도 끄떡 않는 사람은 없다. 특히 잘 해낼 자신이 없는 상황에서 처음부터 부정적인 말을 들으면 "뭐 그렇게까지 심하게 말할 건 없잖아" 하고 더 좌절하게 된다.

사람의 마음은 유리처럼 깨지기 쉽고 상처받기 쉽다. 특히 의외로 남자들이 부정적인 표현에 약하다. 사소한 한마디에도 상처받고 화를 낸다.

레스토랑에서 식사를 하는 남녀의 대화다.

"뜨거운 것을 못 먹나 봐요."

"아니, 그렇지 않아요."

"수프가 뜨거워서 못 먹고 있잖아요."

"그렇지 않다니까요."

"그럼 왜……?"

"어금니에 혀가 자꾸 닿아서 상처가 나는 바람에 수프를 먹으면 아파요."

남자와 여자의 대화는 여기서 끊어지고 만다.

'아니다', '그렇지 않다'는 등의 부정적인 단어가 대화 분위기를 딱딱하게 만들고 말았다.

긍정적인 대화법이었다면 훨씬 분위기가 부드러웠을 것이다.

"입 안에 난 상처 때문에 조금 있다 수프를 먹을게요."

"아, 무슨 문제가 있나요?"

"어금니 쪽에 혀가 닿는 바람에 상처가 나서 좀 따갑네요. 원래는 뜨거운 걸 잘 먹는데……."

사정을 설명하면서 긍정적인 분위기로 이끌어가고 있다. 친한 사이라고 해서, "그런 거는 이상해", "나는 그런 거 정말 싫어", "몰랐어? 둔하다니깐" 등의 부정적인 말만 사용하면 자칫 상대는 감정이 상하게 되고 관계도 점점 멀어지게 된다.

아무리 바른 말이라도 주의하라

하는 말마다 구구절절 옳고 문제의 본질도 잘 꿰고 있다. 그런 경우일수록 표현 방법에 신중해야 한다. 자칫 '내가 옳고, 당신이 틀렸다'라는 생각에서 부정적인 말로 상대를 몰아세우기 쉽기 때문이다.

점심시간, 몇 사람이 모여 수다를 떨고 있다.

한 여자가 남자의 발언에 이의를 제기한다.

"방금 A씨가 한 말은 좀 이상해요. 그렇게 말하는 근거가 있어요?"

"근거가 있다기보다는 다른 사람들도 다 그렇게 생각하고 있잖아요."

"근거도 없이 그런 말을 하는 거예요? 그리고 다른 사람이 그렇게 말한다고 해서 항상 옳은 건 아니잖아요."

그녀의 주장은 즉흥적인 발상으로 말을 하거나 다른 사람의 생각을 자기 의견처럼 말하는 것은 잘못이라는 것이다. 백번 지당한 논리이니 아무도 토를 달지는 않았다. 그러나 문제는 분위기가 싸늘하게 식어버린 것이다.

상대가 또박또박 입바른 소리를 하면 저도 모르게 몸을 사리게 된다. 혹 잘못을 지적받지 않을까 두려워하기도 한다. 그런 상황에서 부정적인 말을 직설적으로 퍼부으면 상대는 필사적으로 자신을 지키기 위해 돌변해버린다. 그리하여 올바른 논리임에도 이를 받아들이지 않고 감정을 앞세운 말싸움으로 번지거나 후에는 상대와 거리를 두게 된다. 그렇다면 위의 경우 어떻게 해야 할까.

"왜 그렇게 생각하는지 당신의 의견을 말해줄래요?"

"이유가 뭐 특별한 거는 아니고⋯⋯."

"뭔데요?"

"그냥 다른 사람들도 다 그렇게 말하잖아요."

"그래요? 내 생각은 조금 다른데, 혹시 틀릴지 모르겠지만 나는 이렇게 생각해요."

이처럼 부드러운 어투로 말해보자. 상대도 경계심을 풀고 귀를 기울여줄 것이다.

"바른 말을 하는데 화를 내는 사람이 이상하지" 하고 말하는 사람도 있겠지만, 진실은 때로 다른 사람에게 상처를 주기도 한다.

백화점 숙녀복 매장. 늘씬한 마네킹이 멋진 수트를 입고 있다. 약간 통통한 여성이 들어와서는 마네킹이 입은 옷을 가리키며 "이게 어떨까요?" 하고 점원에게 물어본다. 그러자 점원이 "고객님에게는 이쪽 마네킹 옷이 더 어울릴 듯한데요" 하고 뚱뚱한 마네킹 쪽으로 안내를 한다. 그러자 손님은 갑자기 기분이 상해 "됐어요" 하면서 그곳을 나가버린다.

때로는 있는 사실 그대로 말하는 것이 상대에게 상처가 될 수 있음을 항상 기억하자.

긍정적이라는 것은 '상대를 존중한다'는 뜻

아무리 긍정적인 말이라고 해도 어떤 태도로 전하는가에 따라 결과가 확연히 달라진다.

상당한 미인인 데다 표정도 밝고 말투도 정중한 여성이 흠잡을 데 없는 접대를 하는데도 왠지 마음이 편치 않은 경우가 있다.

"커피, 홍차, 녹차가 있습니다. 무엇으로 드릴까요?"

"커피 부탁합니다."

"예, 따뜻한 것이 좋겠습니까? 아니면……."

"따뜻한 것으로 주세요."

지나치게 격식을 차린 정중한 태도에 상대는 오히려 긴장되면서 불편하게 느껴진다. 상대를 존중하는 것 같지만, 실은 가식적인 느낌이 다분하기 때문이다.

그런 태도 때문에 그녀에게 한마디 한 적이 있다.

"혹 기분 나쁘게 들린다면 미안해요. 하지만 당신의 지나친 정중함이 조금 부담스러울 때가 있어요."

상대에 대한 존중은 격식이 아니라 상대를 소중히 여기는 마음에서 비롯된다.

요사이 화를 내며 폭언을 하는 고령자가 늘어나고 있다고 한다. 간혹 전철 안에서 옆자리에 앉은 엄마와 아이에게 큰 소리로 "시끄러워! 조용히 해" 하고 혼을 내거나, 점원들과 눈이 마주치면 "뭘 그렇게 봐?" 하며 화를 내는 노인도 있다고 한다. 이유야 여러 가지가 있겠지만, 거기에는 "나를 잘 대접해달라"는 마음이 담겨 있을 것이다. 예전에 활발히 활동하고 존중받던 사람이 늙었다는 이유로 사람들의 관심 밖으로 밀려났다는 반발심도 작용한다. 나이 든 분들을 더 이해하고 존중해야 할 것이다.

순간적으로 화가 날 때, 이렇게 해라

과도한 기대가 분노를 유발한다

'순간 점화기'라는 별명을 가진 여자가 있다.

그녀는 "이렇게 하고 싶다", "이렇게 해주었으면 좋겠다"는 기대가 다른 사람보다 월등히 높은데, 이것이 어긋나면 분노로 폭발한다.

하지만 세상은 원래 자기 뜻대로 움직이지 않는 법이다. 상대 역시 내가 마음에 들지 않는 일이 더 많다. 때문에 정도의 차이는 있지만 대개 살다 보면 화가 나기도 하고, 짜증도 나고, 감정적이 되기도 한다. 불만이 쌓여서 폭발 직전까지 가는 경우도 있다.

그러나 결국 감정을 폭발하게 되면 오히려 상황만 나빠질 뿐이다.

- 스스로 비참해진다.
- 상대와 관계가 멀어진다.

이런 결과를 빚지 않으려면 자신의 감정을 제어하는 것이 중요하다. 그렇다면 본격적으로 이야기를 시작하기 전에 화가 날 만한 상황을 몇 가지 살펴보자.

'기대'라고 하면 그럴듯하게 들리지만, 사실 그 내용을 보면 오히려 이기적인 상황이 더 많다.

반대 의견에 감정적으로 반응하는 여성

주변에 이런 타입이 한두 명은 꼭 있다. 자기 생각을 미리 정해두고 동료에게 의견을 묻는 사람이다.

"자료 보관 장소 말이에요. 어디로 옮기면 좋을까요?" 남자 직원은 이런 문의에 진지하게 응하는 성격이라, 얼마간 생각한 끝에 "창문가 왼쪽 구석이 좋겠네요" 하고 대답한다. 그런데 이 말을 듣고 그녀가 반발을 한다.

"거기는 안 돼요. 오른쪽 안이 좋겠어요."

"오른쪽 안에 두면 지나다닐 때 불편해요. 역시 창문 왼쪽이 좋아요."

"당신은 왜 내가 하는 말마다 반대를 해요? 나는 항상 당신한테 의견을 물어보는데……."

의견을 물었다고 하지만 실은 자신의 생각에 동의해주기를 바랐을 뿐이다. 동의를 해주면 "고마워요" 하고 만족하지만 반대하면 불끈 화를 내며 "항상 반대만 한다"고 투덜댄다.

하지만 반대 의견은 언제든지 있을 수 있다. 처음부터 자기 의견이 있다면 이를 설명한 뒤에 "당신의 의견도 듣고 싶어요" 하고 말하는 것이 옳다.

반대를 한다고 해서 상대에게 화를 내는 것은 유아적인 행동에 지나지 않는다. 자신의 의견에 동의나 찬성만을 기대하는 것은 아직 성숙하지 못하다는 증거다.

말하기를 좋아하는 여자와 말주변 없는 남자

다음으로 흔한 경우가 자신의 말을 들어달라고 하는 요구다. 이 문제로 직장, 가정, 친구 사이에서 종종 분란이 발생한다.

여자들 중엔 말하길 좋아하는 타입이 많다. 수다를 떠는 것이 최고의 즐거움이다. 그녀들은 최근 일어난 일에 대해서 시시콜콜 말하고 싶어하고, 자기 말을 들어줄 누군가가 필요하다.

직장 상사에게는 회사나 인간관계의 고민을 털어놓을 수 있기를 기대한다. 상사 중에는 이런 기대에 부응해서 "문제가 있으면 언제든지 말하라"며 호의적으로 대하는 이도 있다.

말은 그렇게 하지만 실제로 상사들은 시간에 쫓기기 때문에, 여직원은 기대를 배반당하기 일쑤다.

상사들은 실현 가능성 없는 립 서비스를 삼가야 한다. 여직원도 상사가 언제나 자신의 이야기를 들어줄 거라고 기대해서는 안 된다. 그렇지 않으면 자칫 상사에 대한 불만이 쌓일 수밖에 없다.

가정에서도 아내는 남편과의 대화를 기대한다. 그러나 정작 남편은 말이 없다.

"어서 오세요. 당일 출장이라 힘드셨죠? 일은 잘됐어요?"

"응. 그럭저럭."

"센다이는 추웠어요?"

"그래."

"센다이 지점장님은 건강하시죠? 지난번 회사 부부 동반 파티에서 만난 적이 있잖아요."

"건강해."

남편의 김빠지는 대답에 아내는 더 이상 말할 의욕을 잃고 만다.

일반적으로 남자들은 말하는 것을 귀찮아하며, 더욱이 피곤한 몸을 이끌고 출장에서 돌아왔을 때는 조용히 쉬고 싶어한다. 그러나 아내는 남편과 오붓한 시간을 보내며 대화를 나누고 싶다.

작가인 다나베 세이코는 어느 대담에서 이런 말을 했다.

"아내들이 남편에 대해 갖는 가장 큰 불만은 말이 너무 없다는 것 아닐까요? 남편들은 집에 돌아오면 아예 입을 닫아버리죠. 아내는 말을 하고 싶어하는데 전혀 꼼짝도 하지 않아요."

위의 대화에서도 좀처럼 입을 열지 않는 남편에게 아내는 안절부절못한다. 급기야 "왜 아무 말도 안 해요?", "나하고는 말도 안 할 작정이에요?" 하는 비난 섞인 말을 하게 되는 것이다.

"딱히 그런 게 아닌데……."

이럴 때 남자들은 참으로 난감하다.

심지어 아내가 "내가 싫어진 건 아니에요?" 하고 몰아세우면 남편은 궁지에 몰리게 된다. 결국 "좀 적당히 해!" 하고 소리를 치고 만다.

아내의 투정 한마디가 남편의 심기를 건드리더니 드디어 말다툼으로 번진 것이다.

이런 사태가 벌어지지 않으려면 확실히 기억해두어야 할 것이 있다. 남자들은 말하는 데 서투르다는 사실이다. 여자들과 달리 말하는 것이 즐겁지 않고 부담스럽다. 남자들이 말을 하지 않는 것은 그런 하찮은 이유에서다. 특별히 기분이 나쁜 것도 아니고, 아내를 싫어하는 것은 더욱이 아니다.

"뭐라도 말 좀 해봐."

"무슨 말?"

"오늘 회사에서 무슨 일이 있었어? 할 얘기가 많잖아."

여자의 입장에서 보면 왜 이야기가 없을까 싶은데, 남자는 그렇게 생각하지 않는다.

나 역시 화술 강의를 하면서도 "오늘 강연은 어땠어요?" 하고 아내가 물어오면 딱히 할 말이 떠오르지 않는다.

"응, 그럭저럭."

그러면 이제 아내의 수다가 이어진다.

"있잖아요, 요즘 이런 생각이 들더라고요. 사람들이……."

대개의 경우 나는 "응", "그래" 하고 무심코 듣기만 할 뿐이다.

젊은 커플 역시 크게 다르지 않다. 남자가 대화에 적극적으로 응하지 않으면 여자는 불만을 가진다. 얼마 전 신주쿠 역 앞에서 젊은 두 사람의 대화를 들었다.

"메일 보냈는데 왜 답장을 안 해?"

"일이 바빠서."

"메일 쓰는 데 시간이 얼마나 걸린다고……."

여자에게 간단하다고 해서 남자에게도 반드시 그런 것은 아니다. 구체적인 용건이 있는 경우는 다르지만, 특별한 용건 없이 단지 근황을 알리는 글에는 도무지 깜깜해지는 남자가 대다수다.

여자에게 메일은 수다의 연장이고, 남자에겐 연락 수단이라는 말이 있다. 남자가 답장을 보내지 않은 것은 메일로 '수다' 떠는 것이 힘들었기 때문일 수 있다. 이유는 단지 그것뿐이다. 그런데 이것을 "왜 그래?" 하고 몰아세우면 둘의 사이는 점점 벌어질 수밖에 없다.

짧은 메일을 보낸 뒤 얼마 동안 가만히 있으면 역으로 남자 쪽에서 이를 의식하여 메일을 보낼지도 모르겠다.

분노의 감정을 어떻게 표현할 것인가

'약속'은 당연히 지킬 것이라는 믿음을 전제로 한다. '약속은 지키는 것'이 룰이며, 이것은 업무나 사람들의 관계를 떠받치는 중요한 기둥이 된다.

그런 만큼 기대가 충족되지 못했을 때보다 약속이 깨졌을 때의 여파가 한층 크다.

상사가 "다음번에 프레젠테이션을 할 기회를 주겠다"고 약속했는데 이를 다른 사람에게 돌리고는 모른 척했다면 당사자는 크게 화날 것이다.

교제한 지 1년째 되는 날을 축하하며 데이트를 하기로 했는데 남자친구가 펑크를 냈다. 당연히 여자는 "용서 못해" 하고 분노와 슬픔을 터뜨린다.

이런 격한 감정을 어떻게 표현하면 좋을까?

❶ 참지 말 것

분노를 참게 되면 일시적으로는 해결이 되지만, 이는 문제를 뒤로 미루는 것일 뿐이다. 근본적인 해결은 될 수 없다. 이유는 두 가지다.

우선은 아무리 참으려 해도 말투나 태도에서 감정이 드러나기 때문이다. 대개는 표정이 굳어진다거나 동작이 부자연스러워진다.

"감정은 슬쩍 감춰두기에는 너무 강렬하다. 언젠가는 밖으로 삐져나오거나 폭발한다"는 말도 있듯 표현하지 않으면 결코 해소되지 않는다.

설령 잘 참아낸다 하더라도 상대가 우습게 볼 수 있다.

"저 여자는 그런 일을 겪어도 괜찮을 거야. 지난번에도 아무 말도 안 하고 넘어갔잖아."

이런 식으로 상대는 나를 무시할 수도 있다.

❷ 화가 치밀어 올랐을 때는 감정을 표출하지 말라

눈을 치켜뜨고 앙칼진 목소리로 화를 쏟아낸다. 마음 한구석에서 '그만, 너무 과했어'라고 생각하면서도, 이미 통제력을 잃고 온갖 말을 쏟아내고 있다.

감정적으로 말을 하는 것과 자신의 감정을 전하는 것은 다르다. 화가 치솟았을 때는 잠시 멈춰서 심호흡을 하라. 심호흡은 이성을 찾기 위한 순간적인 방책이다.

이성을 되찾아 마음이 안정되고 나면 어떻게 말할지를 생각한다. 그런 다음 감정을 표현해도 늦지 않다.

❸ 분노의 감정이 일어난 원인을 생각한다

심호흡을 하고 잠시 시간 여유를 가진 뒤 왜 화가 났는지를 생각한다.

예를 들어 "당신이 그렇게 형편없는 사람인 줄은 정말 몰랐어. 도대체 지난 1년은 뭐였어?" 하고 소리치기 전에 잠시 냉정해지자. "내가 무시당하는 것은 아닐까, 그가 나를 사랑하는 마음이 그 정도밖에 안 되는 게 아닐까 하는 불안한 마음이 들었던 것"이라는 결론을 얻었다면 분노가 불안의 감정에서 온 것임을 깨닫게 된다.

❹ 분노의 원인을 상대에게 알려준다

"지금 나는 너무 불안해. 당신이 나를 소중하게 생각하지 않는 것은 아닌가 하고……."

한 마디 한 마디를 분명히 전달해야 한다. 화를 풀기보다 상대가 자신이 한 일의 영향에 대해 생각해보도록 한다.

"당신은 왜 그렇게 책임감이 없어요? 이제부터 당신한테는 아무것도 시키지도 않고 뭘 바라지도 않을 거야." 이렇게 분노에 가득한 말을 쏟아내는 대신 잠시 멈춰서서 자신의 감정을 객관적으로 들여다본다면 이렇게 달라질 수 있다.

"솔직히 말해 나는 지금 무척 심각해요. 당신이 예정대로 일을 마무리해주지 않아서 스케줄이 마구 꼬였어요."

❺ 분노의 감정은 누구도 아닌 자기 자신이 만들어내는 것

화가 날 때마다 흔히 하는 말들이 있다.

"제발 짜증나게 좀 하지 말아요."

"당신은 왜 그렇게 나를 화나게 해요?"

그러나 따지고 보면 화를 내는 것은 나 자신이고, 분노의 감정도 나 자신의 것이다. 바쁘면 빨간색 신호등이 더 자주 들어오는 것 같고, 시간 여유가 있을 때는 플랫폼에 들어가자마자 전철이 들어온

다. 마치 나를 놀리는 듯하지만, 그것은 어디까지나 나만의 생각일 뿐이다.

프레젠테이션의 기회를 주지 않은 상사에게 "너무해" 하고 화를 내지만 그 감정은 어디까지나 나의 것이다.

"어쩌면 이번 프레젠테이션이 너무나 중요하기 때문에 부장님은 실수해서는 안 된다고 생각했을지도 몰라. 분발의 기회로 삼으면 앞으로 내게도 기회가 올 거야."

이렇게 마음을 바꾸면 분노는 수그러든다. 그러고 나면 상사에게 "다음 기회가 올 때까지 더욱 분발하겠습니다" 하고 말할 여유가 생긴다.

이렇게 느끼는 것 역시 자신의 '마음'이다. 다음 번 기회를 주겠다고 했던 약속을 깜빡했던 상사도 이런 모습을 보면 "꽤 괜찮은 친구인걸" 하고 좋은 평가를 하게 된다.

분노의 감정을 상대 탓으로만 돌리면 대처법이 좁아질 수밖에 없다.

지나치게 기대하지 말 것

사람은 장점도 있고 단점도 있게 마련이다. 그러나 그 사람에 대한 기대가 너무 크면 한순간 장점만 눈에 들어오고 결점은 보이지 않게 된다.

한 선배가 후배에게 기대를 걸고 뒤를 돌봐주고 있다.

"그 친구는 의욕이 있고 머리도 좋아. 무엇보다 성격이 좋은 게 장점이지. 그러니 분명 성공할 거야."

이렇게 다른 사람들에게 후배 자랑을 하고, 일을 소개시켜주고, 조언을 하고, 만날 때마다 격려를 한다. 그러나 아무리 능력이 뛰어난 사람이라도 결점이 있는 법이다. 기대가 너무 높았던 선배는 어느 날 발견한 후배의 결점을 참지 못하고 손바닥을 뒤집듯 태도를 바꾸어서 후배를 질책하고 공격한다. 기대를 배반당한 분노 때문이다.

그는 자신의 기대가 과했다는 것을 인정하지 않는다. 반대로 후배 입장에서도 기대가 과하고 공중에 띄워지면 부담스럽다. 그로 인해 고의로 발을 빼는 사람도 있다.

새뮤얼 존슨은 이런 말을 했다.

"인간에 대해 알면 알수록 기대가 적어졌다. 그리하여 이전보다 편안한 기분으로 사람을 좋아할 수 있게 되었다."

2장

아름답고 매력적인
여자의 말하는 법

● 꿈을 이뤄주고 성공을 부른다

'수다'에서
내실 있는 '대화'로

수다는 문화다

어떤 사람이 이런 말을 했다.

"여자의 수다는 꽃은 피지만, 열매가 없다."

하지만 실은 그렇지 않다. 이는 그저 수다에 자질이 없는 남자들이 말하기를 즐기는 여자들을 시샘하는 말일 뿐이다.

수다는 사람들과의 관계, 만남을 이루는 데 기본이 되는 인간의 능력이다. 여자들은 가족이나 친척은 물론 지역사회 등에서 많은 사람들을 만난다. 말을 통해 주변 사람과도 호의적인 관계를 유지해나가야 한다.

여자들이 말을 잘하는 것은 그 때문이라고 말하기도 한다. 물론 남자들 중에도 달변인 사람이 있다. 하지만 그 능력은 어디까지나 설명이나 논의 등에 한정되어 있고, 수다에 있어서는 여자에 비할 바가 아니다.

지금까지 여자들은 자신의 전문 분야인 수다를 통해 사람들과의 관계를 원만하게 유지해왔다. 하지만 그 수다가

- 사적인 것을
- 일방적으로
- 장황하게

늘어놓는 것에만 그친다면 곤란하다. 다른 사람들의 미움을 사서 그저 '쓸데없는' 것으로 평가절하될 수 있기 때문이다.

여자의 대화가 '꽃'을 피우고 '열매'까지 맺으려면 다음 세 가지를 염두에 두어야 한다.

- 상대에게 관심을 기울인다.
- 서로 주고받아야 한다.
- 재치를 발휘해서 대화는 짧게 끊는다.

상대에 대한 배려를 말 속에 담는다

대화는 한순간 사라지지만 오랫동안 마음속에 남는 말이 있다. 나의 어릴 적 이야기다.

초등학교 5학년 때 우리 집은 학교까지 달려서 2분 거리에 있었다. 아버지는 일찍 돌아가시고 어머니와 여동생, 나 셋이 가난한 생활을 근근이 이어가던 시절이었다.

한번은 학교에서 점심을 직접 만들어보는 가정 실습시간이 있었다. 아이들끼리 조를 짜서 각자 식재료를 준비해와야 했는데 내가 맡은 것은 밥솥이었다.

그런데 막상 집에 와서 솥을 보니 땔나무에 탄 그을음으로 온통 시꺼멓고, 한쪽이 찌그러져 있는 데다 뚜껑 손잡이가 떨어진 자리에는 둥글게 말린 신문지가 꽂혀 있었다. 너무나 초라해서 도저히 학교에 가지고 갈 수가 없었다.

다음 날 아침 나는 고민 끝에 학교를 빼먹기로 했다. 그리고 2층 방에 처박혀 만화를 보며 뒹굴었다.

그런데 11시쯤 되자 밖에서 "겐지!" 하고 나를 부르는 소리가 들렸다. 친구들이 솥을 가지러 온 것이다. 집이 학교에서 가까운 것이 그렇게 원망스러울 수가 없었다.

쭈뼛쭈뼛 밖으로 나가니 부반장이자 조의 대장인 야마구치를 필두로 같은 조의 아이들이 와 있었다. 나는 창피당할 것을 각오하고 밥솥을 들고 나가 야마구치 앞에 내밀었다.

그런데 야마구치는 진심으로 감탄한 듯 "와아, 크다. 이 정도면 감자도 많이 찔 수 있겠다. 고마워!" 하며 큰 소리로 말했다. 그러자 다른 아이들도 야마구치의 말에 이끌려 "정말이야", "크다" 하며 한마디씩 했다.

오랜 세월이 지난 지금까지 야마구치의 말이 내 마음에 생생하게 남아 있는 것은 나를 창피하지 않게 하려는 그 아이의 따뜻한 배려 때문이다.

이렇듯 상대를 위하는 마음이 담겨 있는 말은 오래도록 마음속에 남게 된다. 더불어 말하는 이의 인격도 빛난다.

분위기를 반전시키는 의외의 한마디

대화 속에 예상치 못한 화젯거리가 더해지면 즐거움은 배가된다.

화술 강사인 A씨의 이야기다.

아내의 생일 선물로 무엇을 해줄까 고민하다가 결국 아내에게 "뭐가 갖고 싶어?" 하고 물었다. 그런데 아내의 대답이 의외였다. "예전의 당신을 갖고 싶어"라고 했던 것이다.

전혀 상상하지 못했던 대답이라 A씨는 아내의 반응이 무척 재밌

었던 모양이다. 가벼운 긴장감이 살아 있는 한마디이기도 하다.

이 말에 A씨는 어떻게 대답하면 좋을까?

"그거는 무리야."

"이전이라고 하면 언제를 말하는 거지?"

"타임캡슐이라도 사오라는 말이야?"

하지만 딱히 마음에 드는 게 없다.

"앞으로의 나는 어떨까?"

이 정도가 좋겠다.

마음의 여유가 있으면 분위기를 바꿀 수 있는 대답도 떠오른다. 조금만 각도를 바꿔서 사물을 바라보라. 그리고 짧게 이를 표현해보는 습관을 익혀보자. 대화가 한층 살아난다.

적절한 타이밍에
말하는 이에서 듣는 이로!

수다 타입과 과묵한 타입

여자들 중에도 "수다가 특기다", "말하는 것을 좋아한다"는 이가 있는가 하면 "수다는 어렵다", "말하는 것을 좋아하지 않는다"는 이도 있다.

후자는 말수가 적고, 좀처럼 대화에 끼어들지 않는다. 누가 물어보지 않으면 좀처럼 나서지 않으며 말을 하더라도 단답형으로 끝내 버린다.

"어디서 왔어요?"

"홋카이도요."

"홋카이도 어디요?"

"오비히로."

이런 식이다. 반면 말하는 것을 좋아하고 수다가 즐거운 사람은 다르게 반응한다.

"어디서 왔어요?"

"홋카이도 오비히로에서 왔어요. 혹시 아세요? 오비히로에는 쇠고기덮밥이 아니라 돼지고기덮밥이라는 게 있어요. 정말 맛있어요."

"오호, 그건 몰랐는데요."

"그리고 치토세 공항의 토산물 판매점에 가보면 록카테 버터과자와 초콜릿이 유독 많잖아요. 그 록카테의 본사가 바로 오비히로에 있답니다."

묻지도 않았는데 술술 이야기가 흘러나온다.

이렇게 되면 수다 타입은 계속 말을 하게 되고 말수가 없는 사람은 일방적으로 듣기만 한다.

수다를 좋아하는 사람은 자칫 자기만 일방적으로 말하지 않도록 주의해야 한다. 상대편도 하고 싶은 말이 분명 있다. 아무리 말없이 듣는 것을 좋아하는 사람이라도 말이다. 반면 말이 없는 사람은 상대의 말을 그저 듣기만 할 것이 아니라 맞장구를 치거나 대답하는 방법을 연구하여 대화가 풍성해지도록 노력해야 한다.

훌륭한 대화는 말만 하는 사람, 듣기만 하는 사람의 딱 중간지대에 있다. 특히 말을 즐겁게 하면서 적절한 타이밍에 자연스럽게 듣는 역할로 옮겨가는 사람이 진정한 대화의 달인이다.

말을 하면서 대화를 유도하는 사람

말을 잘하는 사람은 대화를 두려워하지 않는다. 그만큼 대화에 능하고, 재미있는 화제도 많이 가지고 있다. 그러나 이게 지나치다 보면 자기 이야기에 자기가 취하고 만다. 청자의 반응은 안중에 없고 혼자 달리게 된다.

이야기가 길어질수록, 스스로 몰입할수록 자기 안의 또 다른 분신

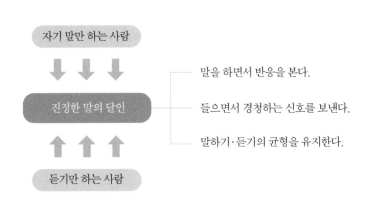

★ 진정한 말의 달인은? ★

자기 말만 하는 사람

진정한 말의 달인 ── 말을 하면서 반응을 본다.
── 들으면서 경청하는 신호를 보낸다.
── 말하기·듣기의 균형을 유지한다.

듣기만 하는 사람

을 통해 상대의 반응을 살펴야 한다.

예컨대 이런 말을 속삭여주는 것이다.

"말이 너무 많아."

"이 정도에서 그치는 것이 좋겠어."

"저 사람이 말을 하고 싶어하는 것 같아."

물론 혼자 마음속으로 이뤄지는 이런 대화는 직감적인 것이다.

커뮤니케이션이 일방적으로 되지 않도록 주의할 필요가 있다. 말을 하다가 상대의 말에 반응하며 자연스럽게 듣는 쪽으로 돌아서는 연습을 반복하다 보면 점차 직감이 발휘되어 나중엔 의식하지 않아도 자연스럽게 가능해진다. 자동차 운전처럼 달리면서 필요할 때마다 언제든지 브레이크를 걸 수 있게 되는 것이다.

"힘을 넣었다, 뺀다."

구체적으로는 다음의 세 가지가 중요한 포인트다.

◉ 상대를 보면서 말한다.

◉ 이야기 중간에 잠시 사이를 둔다.

◉ 상대를 대화에 끌어들인다.

질문을 하여 상대의 참여를 유도한다

말을 잘하면서 상대의 말도 잘 이끌어내고, 대화를 부드럽게 이끌어가는 사람, 그런 사람이 우리 주변에도 분명 있다. 어쩌면 당신은 깨닫지 못하겠지만 당신 역시 그런 부류에 속하는지도 모른다.

이런 사람들의 공통적인 특징은 대화 도중에 적절한 질문을 하는 것이다.

얼마 전 잘 아는 여성과 송년회 이야기를 하고 있었다. 그녀는 한창 열심히 말을 하다가, 갑자기 질문을 던져 화제를 내 쪽으로 전환했다.

"송년회 날 갑작스레 일이 생겨서 그 일이 끝난 다음에 송년회장으로 가는 것과, 그날 아무 일도 없이 일찍 모임 장소에 가는 것, 어느 쪽이 좋으세요?"

"글쎄요. 일을 끝내고 열심히 달려갔더니 이미 송년회가 시작되어 모두에게 '야, 기다렸다!' 하고 박수를 받는 것도 기분이 좋겠네요. 그러고 보니 의외로 제가 눈에 띄길 좋아하는 타입인가 봅니다."

그녀는 나의 이야기에 열심히 귀를 기울였다. 대화의 달인으로서의 면모가 엿보였다.

기분 나쁘지 않게
NO라고 말하는 법

거절을 잘하는 사람, 하지 못하는 사람

시간에 쫓기는 일상 속에서 사람들의 온갖 부탁을 전부 들어준다면 아마 몸이 열 개라도 모자랄 것이다. 그러나 막상 거절을 하려면 차마 입이 떨어지지 않는다. 상사나 선배가 "꼭", "이번 한 번만" 하는 식으로 나오면 어쩔 수 없이 "알겠습니다" 하고 승낙을 하고 만다. 그리고 나서는 "짜증나", "자기가 하면 될 것을 꼭 다른 사람을 시키고 그래" 하며 투덜투덜 불만이 이어진다.

반면 지나치게 자기주장이 확실한 사람도 있다. IT 기업에 근무하는 한 친구는 상사로부터 무리한 지시를 받자 "저도 바쁩니다. 하지만 꼭 해야 한다면 하지요"라고 대답했다. 그러자 상사는 "바쁜 걸

누가 모르나? 그런데도 꼭 해야 하니까 시키는 거지. 도대체 뭐야, 그 말투는!" 하고 꾸중했다고 한다. "일을 할 거면 기분 좋게 받아들여라"는 말도 덧붙였다. 결국 그 친구는 이 일로 회사를 그만두는 상황까지 가고 말았다.

이런 이야기를 듣다 보면 '거절하는 법'이 얼마나 중요한지 한층 실감하게 된다.

거절을 원만하게 하는 사람은 거절한 뒤에도 상대로부터 원망의 소리를 듣지 않는다. 상대의 감정이 상하지 않도록 배려하기 때문이다. 그러나 거절하는 방법이 서툰 사람은 상대의 미움을 산다. 혹은 기분이 상할 것을 우려하여 애매하게 거절을 하다가 결과적으로 더 안 좋은 상황을 초래하기도 한다. 자신을 더 생각하는지, 상대를 더 생각하는지의 차이다.

거절할 때는 먼저 선수를 쳐라

부탁하는 쪽과 거절하는 쪽, 어느 쪽이 더 심리적 부담이 클까?

돈을 빌려달라는 부탁, 이성에게 하는 프러포즈, 급한 업무 부탁 등은 모두 거절에 대한 두려움과 불안이 따르기 때문에 심리적 부담이 크다. NO를 하는 당신도 이 점은 분명히 알아두어야 한다.

NO에 대한 두려움과 불안, 이것을 어떻게 풀 것인가에 거절법의 모든 테크닉이 숨어 있다고 해도 과언이 아니다.

심리적으로 유리한 위치에 있음에도 불구하고 역으로 불리한 것처럼 느껴진다면 부탁하는 상대가 한층 더 힘들다는 사실을 헤아려 마음의 짐을 조금 덜어보도록 하자. 상대를 생각하는 여유가 생겨날 것이다. 그리고 만약 거절하기로 했다면 '선수를 치는 것'이 정석이다.

그 자리에서 대답을 잠시 미뤄둔 경우라도 다음 날 상대가 재촉하기 전에 'NO'의 뜻을 먼저 알려준다. 상대에게 불필요한 기대(또는 불안)를 주지 않도록 시간을 질질 끌지 않는 것이 좋다. 시간이 흐를수록 거절하기가 힘들어진다. 이쪽이 불리해지는 것은 물론 신뢰까지 잃어버릴 수 있다.

'NO'는 빨리 말하는 것이 좋다.

'미안하다'는 한마디를 잊지 말라

거절하는 쪽이 유리하다고 해서 무조건 "안 되겠습니다. 힘들겠습니다" 하고 말한다면 상대에게 상처를 줄 수 있다. 이는 당신에게 기대를 하고 있는 상대에게 실례되는 일이기도 하다. 거절하는 말 초두에 "미안해요", "지금 상황이 좋지 않네요", "정말 죄송합니다만" 등 의뢰에 응하지 못하는 것에 대해 미안한 마음을 확실히 전달할 필요가 있다. 예를 들어 후배가 같이 식사하자고 제안했는데 "일이 있어서 안 되겠는데" 하고 거절한다면 너무 썰렁하다.

"미안, 오늘은 일이 있어서 갈 수가 없네" 하고 'NO'이긴 하지만, 부드럽게 말을 하면 상대도 "갑자기 만나자고 한 제가 잘못이죠. 죄송해요" 하고 대답할 것이다.

선배에게 급한 부탁을 받았을 때 "갑자기 그런 말을 하면 곤란하죠"라는 말보다는 "죄송해요, 선배님. 오전 중에 말씀하셨으면 어떻게든 해드릴 수 있었는데……" 하고 센스 있게 말하자.

거절의 이유를 분명히 전달하라

사람들은 이유가 확실하면 납득을 한다. 퇴근하면 일찍 들어오라고 말하는 아내에게 남편이 말한다.

"아니, 오늘은 일찍 못 들어와."

"왜요?"

"일 때문이지."

"무슨 일?"

"여러 가지가 있어."

"뭐가 그리 많아요. 도대체 무슨 일이 있는데요?"

"뭘 그렇게 꼬치꼬치 알려고 해!"

부부 사이에 흔히 볼 수 있는 대화다. 남자는 일단 설명하기를 귀찮아한다. 하지만 이유가 불분명하다면 아내는 당연히 납득하지 못한다. 남편이 짜증내는 것은 옳지 않다.

남자친구가 영화를 보러 가자고 전화를 했다. 그런데 여자친구는 회사에서 새로운 서류를 작성해야 하기 때문에 시간을 내기 어려운 상황이다.

"미안해. 바쁜 일이 있어서 안 될 것 같아" 하고 여자친구는 거절하는 이유를 밝혔다. "이런 실망인걸. 요전에도 바쁘다고 했잖아."

"응, 요사이 일이 좀 밀려서……."

그러나 단순히 일이라고만 하면 남자친구는 불안해한다. 혹시 나를 피하는 것이 아닐까 하고 불필요한 상상을 할 수도 있다. 이럴 때는 "다음에 만나면 자세하게 설명해줄게" 하고 한마디를 덧붙여주는 것이 좋다. 상대의 불안을 없애주는 것이 기분 좋게 'NO'를 말하는 요령이다.

마음을 읽으면
부탁도 어렵지 않다

도움을 주고 싶어하는 인간 심리를 이용하라

정년퇴직 후 집에서 꼼짝도 하지 않는 남편과 어떻게든 함께 외출하려고 노력하는 그의 아내.

"밖으로 나가봐요. 기분이 얼마나 좋은지 몰라요."

"집에만 있으면 운동 부족으로 건강에도 안 좋아요."

"사람들을 너무 안 만나면 치매가 빨리 온대요."

남편을 온갖 말로 유도해보지만 좀처럼 응하지 않는다. 오히려 반발만 커질 뿐이다.

"나는 당신처럼 나돌아다니는 걸 좋아하는 체질이 아냐."

"내버려둬. 왜 이렇게 귀찮게 하는 거야?"

이렇게 외면을 하며 좀처럼 끄떡도 하지 않는다. 그러던 어느 날 아내는 궁리 끝에 방법을 바꾸어보았다.

"있잖아요, 부탁이 있어요. 지금 마트에 가는데 함께 가줘요. 요즘 내가 좀 불안해서 말이에요. 요전에도 마트에 갔다가 계산대에 지갑을 놓고 왔잖아요. 직원이 알려줬기에 다행이지, 아무래도 치매가 아닌가 걱정이 되네요. 계단을 오르내릴 때도 다리가 후들거리고요. 당신이 함께 가주면 안심이 될 것 같은데……."

그러자 그렇게 외출을 싫어하던 남편이 "참, 귀찮게 하네. 어쩔 수 없지. 같이 가세" 하며 마지못해 응해주었다.

'당신을 위해서'가 아니라 '당신에게 의지하기 위해서'라는 말을 들으면 사람은 새롭게 의욕을 보인다. 누군가에게 도움이 되는 존재가 되고 싶어하는 것이 바로 사람의 심리다.

나의 사정만을 앞세우지 말라

직장에서 돌아오자마자 아내가 "할 이야기가 있어요"라며 남편을 맞는다.

"나중에 하지."

"나중은 안 돼요. 바로 지금 들어줘요."

"이제 막 들어와서 피곤한데, 갑자기 뭘 들어달라는 거야?"

"당신은 항상 나중에 하라, 내일 하라고 말하면서 한 번도 들어준 적이 없잖아요."

어느 집에서나 흔히 볼 수 있는 풍경이다. 이것을 다음과 같이 바꿔보면 어떨까?

"옆집 아줌마 일로 할 말이 있는데, 좀 쉬었다가 9시 정도에는 괜찮아요?"

이런 식으로 나오면 남편도 "알았어. 9시에 듣지" 하고 쉽게 응해주게 된다.

모처럼의 휴일, 오늘의 일정을 짜고 있는 남편에게 아내가 갑자기 일거리를 들이댄다.

"이것 좀 도와줘요."

"꼭 지금 해야 돼?"

"나도 바쁘니 지금 해줘요."

"지금 나도 일을 하는 중이잖아."

"별것도 아니잖아요. 도와주기 싫은 거예요?"

이 말에 남편은 "알았어" 하며 짜증나는 얼굴로 일어선다.

이것을 다음과 같이 바꿔보자.

"당신한테 부탁할 게 있는데, 언제쯤이면 괜찮아요?"

"시간이 얼마나 걸리는데?"

"글쎄, 베란다를 정리하는 건데, 한 30분 정도면 될 거 같아요."

"지금 바로 하는 게 좋아?"

"가능하면 그게 좋죠."

이렇게 하면 서로 얼굴 붉히는 일 없이 대화가 원만하게 진행된다.

직장에서 일을 부탁할 때도 마찬가지다. 자신의 사정만을 앞세워 갑자기 이야기를 꺼내면 상대는 당연히 경계를 한다. 우선 어떤 용건인지를 간단히 말하고, 언제쯤 시간이 나는지를 살펴라. 간단한 듯하지만 의외로 잘 지켜지지 않는 일이다.

요구사항을 분명히 전달한다

남자 선배에게 상의할 일이 있어서 슬쩍 다가간다.

"저……."

"무슨 일이 있나?"

"선배, 기분이 좋아 보이네요."

"뭐 그렇지. 그런데 왜?"

"예에, 그냥……."

"그래? 그러면 다행이네."

그녀는 내심 할 말이 있지만 선배는 알아차리지 못한다. 나중에 이 사실을 안 선배는 "더 확실히 말하지 그랬어?"라면서 고개를 갸우

❶ 기대를 담아서 말한다

"○○씨에게 꼭 부탁하고 싶었습니다."
"당신에게 부탁하면 안심할 수 있겠어."

❷ 갑자기 부탁하기보다 상대의 상황을 확인한다

"몇 시 정도면 괜찮겠습니까?"
"30분 정도 시간 내주실 수 있겠습니까?"

❸ 어떻게 해주어야 하는지 확실히 전한다

"가능하면 한 시간 이내에 정리해주셨으면 합니다."
"나는 배가 고프네. 뭐 좀 먹을까?"

뚱한다.

분명히 표현하지 않으면 상대에게 요구사항이 제대로 전달되지 않는다. 특히 남자는 언어의 표피적인 것에만 신경을 쓰기 때문에 그 이면의 마음을 제대로 이해하지 못하는 경우가 많다.

교제 중인 남녀 커플, 함께 걸으면서 여자가 묻는다.

"뭐 먹고 싶어요?"

그러자 남자는 이렇게 대답한다.

"글쎄, 나는 아직 괜찮은데."

남자는 여자가 뭔가 먹고 싶어한다는 것을 눈치 채지 못한다. 남자가 둔감하다고 할 수도 있지만, 여자 쪽에서도 대화를 정확하게 할 필요가 있다.

"아, 배가 고프다. 뭐 좀 먹을래요?"

부탁을 했는데 거절당하고 나면 상대를 책망하고 싶어진다. 그러나 그 이전에 부탁하는 방법에 문제가 없는지 한번 돌아보자. 잘 부탁하는 노하우를 체득하면 주위 사람들로부터 더 많은 협조를 이끌어낼 수 있다.

매력을 반감시키는
험담, 비방

사람들은 왜 남을 헐뜯는가?

"남을 헐뜯으면 그 말이 내게 돌아온다. 그러니 험담은 하지 마라."

어머니가 항상 했던 말이다. 그때마다 나는 '그래도 어떻게 흉을 안 봐. 흉을 보고 나면 기분이 풀리는데' 하고 생각했다. 그러나 사실 험담을 하는 사람은 기분이 풀리겠지만, 이를 듣고 있는 쪽은 그리 유쾌하지만은 않다.

사람들은 왜 험담을 하고 싶어할까?

첫 번째는 상대에 대한 불만 때문일 것이다. 프랑스의 모럴리스트 라 브뤼엘은 이런 말을 했다.

"사람을 만족시키는 것은 그 얼마나 어려운 일인가."

결국 이 때문에 험담도 끊이지 않는 것이 아닐까.

또 한 가지 이유는 자신이 없기 때문이다. 자신 있는 사람은 화를 내거나 다른 사람에 대한 험담을 늘어놓지 않는다.

대개의 경우 그 자리에 없는 사람이 험담의 대상이 된다. 험담을 하면서 떳떳하지 않은 느낌이 드는 것은 바로 그 때문이다.

험담을 할수록 그 대상이 점점 괜찮은 존재로 생각되는 경우도 있다. 예를 들어 친구에게 자신의 애인에 대해 흉을 보고 있는데, 자신에게는 없는 좋은 점이 있음을 새롭게 인식하게 되는 것이다.

라이벌에 대해서도 '어쩌면 이 친구가 나보다 더 나을지 몰라' 하는 생각이 마음 한편에 있기 때문에 비방의 소리가 점점 더 높아지게 된다.

불만과 떳떳하지 못한 양심의 가책. 이 갈등의 드라마가 바로 '험담'으로 표출되어 나오는 것이다.

스트레스 발산으로서의 험담

술집에서 상사, 선배를 험담하는 샐러리맨들. 이들은 쌓였던 불만과 스트레스를 험담과 함께 뿜어낸다. 당신 역시 그 분위기에 휩쓸려서 "과장님 때문에 정말 화가 나요. 심했어요. 그것은 잘못된 거죠" 하고 동조를 하게 된다. 이럴 때 함께 험담을 하지 않고 "저는 뒤에서 욕하는 것이 싫어요"라고 한다면 흥이 깨지거나, 아니면 혼자 외톨이가 된다. 이런 종류의 험담은 투정에 가까운 것인데, 지나치게 엄격한 잣대를 가지고 정색을 하며 반응한다면 오히려 사회생활을 하기가 힘들어진다.

한편 평소 험담은 좋지 않은 것이라고 입버릇처럼 말하던 여자가 술에 취하자 선배의 험담을 늘어놓는다. 마치 전혀 다른 사람이 된 듯 추태를 벌였다면? 주변 사람은 모처럼 좋은 분위기가 깨졌다고 눈살을 찌푸릴 것이다.

이처럼 적당히 자제하지 못하고 도를 넘긴 행태는 그 사람의 매력을 반감시킨다. 결국 손가락질만 돌아올 뿐이다.

적당히 눈감아줄 수 있는 험담

말을 하다 보면 누군가의 흉은 어느 정도 나오게 된다. 이것까지 금하는 것은 무리다.

금할수록 오히려 험담은 더 하고 싶어지는 법. 그렇다면 험담을 잘 이용하는 현명한 태도를 익혀야 할 것이다.

가장 먼저 기억해야 할 것은 도를 넘지 말아야 한다는 점이다.

무슨 일이든 '정도'가 중요한데, 특히 수위를 넘지 않도록 스스로 조절할 필요가 있다. 도를 넘는 험담이란 듣는 이의 허용 범위를 넘는 것을 말한다. 악의가 있는 지나친 험담은 해서는 안 된다.

"그 사람은 피도 눈물도 없는 냉혈한이야. 어떻게 인간이 그렇게 심한 말을 할 수가 없어. 그런 사람은 살 가치가 없어."

아무리 화가 나더라도 이 정도면 도가 지나치다. 듣는 쪽도 차라리 안 듣는 것이 좋겠다고 생각한다.

"나는 그 사람이 실수했을 때 얼마나 감싸주었는데……. 그런데 일이 늦어진 걸 모두 내 탓이라고 과장님한테 일러바쳤다니깐. 자기만 아무 문제 없는 척하고, 너무하잖아. 그가 어떤 사람인지 이번에 다시 보게 되었지 뭐야."

이 정도라면 듣는 쪽도 그리 부담 없다.

"그 여자는 대체 언제 회사를 그만둔대? 그리고 그런 여자를 어떤 남자가 좋다고 하겠어?" 하는 식으로 점점 강도가 높아지면 상대편의 공감을 이끌어낼 수 없다. 듣는 이의 입장에서 "그러게", "그렇지는 않아" 하는 정도의 반응이 나오는 선에서 수위를 조절하도록 한다.

두 번째로 험담을 들어줄 상대를 잘 골라야 한다.

동료들을 상대로 라이벌을 험담한다면 어떻게 될까?

라이벌에 대한 험담은 대개 질투심을 동반한다. 질투는 위험한 감정으로, 험담도 자칫 과격해지기 쉽다. 뿐만 아니라 듣는 상대가 같은 직장에 있는 만큼 언제 본인의 귀에 들어갈지 알 수 없다. 정 험담을 하고 싶다면 직장 동료들과는 전혀 관계없는 학교 친구 등에게 하는 것이 좋다.

"A는 멋만 부려. 다들 머리가 좋다고 하는데, 사실은 전혀 아니거든. 나는 잘 알아. 귀여운 척하면서 다른 사람들에게 내 험담을 하고 다녀."

이런 이야기를 만날 때마다 한다면 어떨까? 남자친구가 아무리 편한 상대라고 해도 나중에는 지겨워져서 "자기도 험담을 하고 있잖아" 하고 반발하게 된다.

마지막으로 덧붙이자면, 자신이 할 일을 제대로 하지 못했다면 타인을 험담할 자격이 없다. "과장님은 아무것도 안 해주셔"라고 말할 때 자신은 분명히 일을 제대로 해냈다는 것을 전제로 해야 한다.

솔직하게 사과하는
사람이 성장한다

'솔직함'과 '안이함'의 차이

모순되는 듯하지만, 나는 여자가 너무나 쉽게 '죄송합니다'라는 말을 남발하는 것을 좋아하지 않는다. '쉽게'라는 말은 '안이하게'라는 말과도 바꿀 수 있다. 더 나아가서 '솔직하게'와 '안이하게'는 다른 개념이다.

말끝마다 '죄송합니다'를 붙이는 여성들이 있다.

"자네, 이전 서류는 어떻게 했나?"

"죄송합니다. 바로 가져오겠습니다."

"N씨에게 전화를 해두었나?"

"죄송합니다. 조금 전에 했습니다."

"이제 나갈까?"

"죄송합니다. 바로 준비하겠습니다."

'예'라는 말 대신 습관적으로 '죄송합니다'를 쓰는 것이다. 아무 저항 없이 입에서 줄줄 흘러나오는 '죄송합니다'는 오히려 거부감을 준다.

나는 개인적으로 근성 있고, 승부욕 있는 여자를 좋아한다. 성격까지 밝다면 금상첨화다. 이런 타입의 여자는 '죄송합니다'라는 말을 쉽게 남발하지 않는다. 심지어 그녀의 잘못이 명백한 경우에도 쉽사리 인정하려 들지 않는다. "죄송합니다, 하고 한마디 하는 게 어때?" 하고 추궁해도 좀처럼 물러나지 않는다. 사람들을 쩔쩔매게 하고 웬만한 방법으로는 넘어오지 않는 여자에게는 독특한 매력과 존재감이 있다. 그 이유는 무엇일까?

우선 자신의 발언이나 행동에 자신이 있기 때문에 말투도 분명하다. 명쾌하다고 해도 좋다.

두 번째로 그녀도 사람인 이상 실수를 저지르게 마련이다. 그러나 이런 타입의 여자가 자신의 잘못을 깨달았을 때 하는 사과는 무게가 다르다.

여기서 다시 '솔직함'과 '안이함'의 차이로 이야기를 돌려보자.

예를 들어 "자네, 이러면 곤란해"라는 말을 들었을 때 반사적으로 사과를 하는 것은 '안이함'으로, '솔직함'과는 거리가 멀다.

분명히 순서를 밟아서 해야 할 일임에도 상사가 "일일이 그렇게 절차를 밟는 사람이 어디 있어?" 하고 제동을 걸었다고 하자. 절차를 확실히 밟지 않으면 나중에 문제가 발생했을 때 오히려 더 시간이 걸린다. 그런 이유로 "자꾸 되풀이해서 말씀드리는 것 같지만……" 하고 자신의 의견을 피력한다. 그러자 상사는 "지금은 그것보다 시간을 앞다투는 상황"이라고 일축한다. 여직원은 '그렇구나. 지금은 무엇보다 시간이 중요한 상황이구나' 하고 분위기를 파악한 뒤 "죄송합니다. 제가 미처 몰랐습니다" 하고 인정한다. 바로 이런 태도가 '솔직함'이다.

자신의 방식에만 집착하거나, 잘못인 줄 알면서 끝까지 변명을 일삼고 회피하는 것과는 다르다.

'사과'에는 마음의 갈등이 따른다

누구나 잘못을 인정하려면 갈등을 하게 된다. 이러한 갈등을 스스로 극복하고 사과하는 것이기에 더욱 가치가 높다.

자신의 판단이나 행동을 확신하는 사람일수록 잘못을 저질렀을 때 자신에게 화를 내며 실수를 인정하지 않는다.

"자존심이 너무 세다"는 말을 듣는 사람이 사과하는 데 인색한 이유가 아마 그 때문일 것이다.

그러나 사과한 뒤 자신을 지키는 힘이야말로 진정한 사과다. 물론 힘들겠지만 '내게 진정한 자존심이 있다면 이 갈등을 충분히 극복할 수 있다'고 스스로를 납득시켜야 한다.

스스로에 대한 확신이 없거나, '혹시 사과를 하면 나에 대한 평가가 떨어지지 않을까', '별 볼일 없는 인간으로 보이지 않을까' 하고 두려워하는 사람일수록 '죄송합니다'라는 말을 하지 못한다. 나중에 잘못을 추궁받았을 때에야 "저한테는 그런 권한이 없어서요" 하고 변명하기에 급급하다. 그러나 변명은 자신을 지켜주지 않는다. 오히려 그에 대한 평가만 나빠질 뿐이다.

사람은 누구나 잘못을 할 수 있다. 우리는 실수를 저지르기도 하지만 대부분은 주어진 일을 잘 해낸다. '실수＝형편없는 인간'이라는 생각은 지나친 오산이다.

이를 깨닫게 되면 "죄송합니다. 제 잘못입니다"라는 말도 솔직하게 할 수 있다.

사과는 빨리 할수록 위력이 크다

내가 아는 한 여성은 "잘못을 금세 시인하는 것이 나의 최대 장기다"라고 웃으면서 말한다. 특별히 튀어 보이려고 하는 말이 아니다.

그저 사과의 말이 자연스럽게 나온다는 의미다.

이런 사람들은 판단력도 빠른 것 같다. 그래서 사과하는 타이밍을 놓치지 않는다. 갈등이 해소되면 바로 '죄송합니다'라고 말한다.

실제로 언젠가 그녀에게 "그런 식으로 말하면 안 되지요" 하고 가볍게 주의를 주었더니 "아, 그렇군요. 미안해요" 하고 그 자리에서 확실히 물러섰다. 그 신속함에 나도 놀랐을 정도다. 타이밍을 놓치고 나중으로 미루다 보면 사과를 해도 효과가 없다. 신속함은 사과를 하는 데 매주 중요한 요소다.

사과를 했다가 오히려 상대의 비난을 받게 되는 경우도 있지만, 이를 두려워하지 않고 자신의 잘못을 인정한 만큼 그에 대한 평가는 높아진다.

나의 경험으로 보자면 위기의 순간에는 남자보다 여자가 훨씬 더 대담한 것 같다. 솔직하게 인정할 수 있게 되면 그만큼 인간적인 성장을 하게 된다.

인정받고 싶다면
설명하는 능력을 키워라

'수다'와 '설명'의 차이는?

택배회사의 창시자인 오구라 마사오는 저서《'왜?'로부터 일은 시작된다!》에서 이런 말을 하고 있다.

어떤 일에서든 설명을 잘하는 능력은 매우 귀중하다. '일을 잘한다'는 말은 곧 '설명을 능숙하게 잘한다'라는 것이 아닐까 하는 생각이 들 정도다.

요즘엔 여자들도 자신의 업무에 대해 설명해야 하는 일이 급격히 늘고 있다. 설명이 불충분하면 그에 대한 책임을 지거나, 클레임의

원인이 되는 시대다. 그야말로 어떤 일에서든 설명을 잘하는 능력이 요구되고 있으며 이를 잘하는 여자는 능력 있는 사람으로 인정받아 신임을 얻는다.

요령 있게, 즉 짧으면서도 요점을 정확히 짚어 설명하는 여성을 만나면 나 역시 '과연!' 하고 감탄하게 된다.

언젠가 함께 일을 하는 친구가 슬쩍 이런 말을 했다.

"설명을 잘하는 여자는 총명할 뿐만 아니라 예뻐 보이기까지 한다."

알기 쉽게 설명을 잘하면 미인으로 보이기도 하는 것이다. 이렇게 중요한 기술이니 모두들 잘하고 싶어한다. 그러나 무슨 이유에서인 지 수다는 즐기면서 설명만큼은 '도저히 못하겠다'고 뒤로 빼는 여자가 많다.

수다는 즐겁고 재미있게 얘기하는 것이 목적이므로 화제가 여기 저기로 튀어도 분위기가 고조되고 즐겁다. 그러나 설명은 '알기 쉽게' 하는 것이 목적이므로 잘 정리하여 순서에 맞춰 이야기할 필요가 있다. 설명을 잘 못하겠다는 여성의 얘기를 들어보면 "나는 말을 종잡을 수 없이 하고 잘 정리되지 않는다"는 것이다. 일반적인 대화와 설명의 차이를 잘 보여주는 말이다.

● 설명은 정리하여 조리 있게 말하는 것이다.

이것이 중요한 포인트다. 알기 쉽게 설명하기 위해 꼭 염두에 두어야 할 원칙이다.

말하기 전에 머릿속에서 정리하라

수다는 머릿속에 떠오르는 대로, 생각나는 대로 말하는 것이다. 그 결과 종잡을 수 없는 이야기로 빠지기 쉽다. 때로 말하는 본인마저 "내가 지금 무슨 얘기를 하려는 거지?" 하고 당황한다. 그러나 본인의 머릿속에 있는 생각을 그 누가 알겠는가.

따라서 설명을 하기 전에 미리 머릿속으로 정리해두는 것이 중요하다.

후배 K에게 주의를 주어야 할 일이 생겼다.

"K씨, 정신 차리지 못하겠어? 지난번에도 프레젠테이션 자료가 한 장 잘못 들어간 거 알고 있지? 이런 문제는 애초에 생기지 않도록 해야지. 자기 성격에 대해 생각해본 적 있어? 나도 덜렁거리지만, 실수를 하면 자신감이 없어지거든. K씨는 신경 쓰지 않지? 좋은 성격이긴 하지만……."

이런 식으로 말이 꼬리를 물고 이어지면서 도대체 무슨 말을 하고 있는지 알 수가 없다.

말을 하기 전에 무엇 때문에 주의를 주는 것인지, 앞으로 고쳐야 할 점이 무엇인지를 생각해둔다. 여러 가지 떠오르는 문제점을 간단히 정리해보자.

"자신이 저지른 실수를 심각하게 받아들여라."

"같은 실수를 하지 않기 위해 어떻게 할 것인지를 잘 생각하라."

"같은 실수를 반복하는 사람은 성장하지 않는다."

이런 식으로 포인트를 분명하게 압축한다. 이렇게 하면 "오늘은 자네에게 하고 싶은 말이 세 가지 있어" 하고 말을 꺼낼 수 있다. 이후엔 세 가지 포인트를 염두에 두면서 화제를 진행시키면 말이 옆길로 샐 우려가 없고, 상대도 이해하기 쉬워진다.

하고 싶은 말의 아우트라인을 먼저 제시하고 지금 하고 있는 말과, 조금 전에 언급한 것이 어떻게 연결되는지를 설명한다. 그러면 상대방도 한결 쉽게 이해할 수 있다.

말을 하기 전엔 일단 정리하고, 순서를 정하는 습관을 들이도록 하자.

한 번에 한 가지만 말한다

동시에 이것저것을 다 말하다 보면 듣는 사람은 헷갈리게 된다.

그럼에도 여자들이 흔히 저지르는 실수가 바로 이것이다. 말을 하는 도중에 여러 가지 생각이 떠올라서 "그리고 말야", "요전에 말이지", "그래그래, 이런 일도 있었어" 하고 여기저기로 말이 샌다.

그런데 남자들은 한 번에 여러 가지를 처리하지 못한다. TV를 보고 있는데 아내가 자꾸 옆에서 말을 건다.

"있잖아, 양배추 다이어트라는 게 있다는데 괜찮을 것 같아. 한번 해봐야겠어. 요 옆 농가에 아침 일찍 가면 양배추를 팔잖아. 거기 농가가 두 곳 있는데, 그중에서 할머니 쪽은 좀 비싸."

"아, 제발 부탁이니 좀 조용히 해줘. 지금 TV에 집중하고 있단 말야."

누구나 이런 경험을 해본 적이 있을 것이다.

남자를 설득하려면 한 번에 한 가지만 이야기해야 한다. 이 점을 절대 잊지 말자. 전해야 할 메시지가 분명한 경우 우선 '정리해서' '한 가지씩' 하는 것이 철칙이다.

때론 말 없이
지켜보는 것도 필요하다

의미 없는 수다는 민폐일 뿐

나는 어린 시절에 천식을 앓았다. 새벽에 갑작스레 발작이 찾아오면 숨도 쉬기 힘들다. 그러면 똑바로 누워 있지를 못하고 등을 구부려 베개를 끌어안은 채 가만히 꿇어앉는다.

내 모습을 보고 어머니는 안절부절못하고 계속 말씀을 하신다.

"괜찮아?"

"약을 먹는 게 좋겠다."

"이불 좀 덮어줄까?"

"어떡하니, 힘들겠다."

"차라리 내가 대신 아팠으면……."

어머니는 걱정해서 하는 말이었지만, 내 입장에서는 가만히 내버려두었으면 하는 마음이었다. 때문에 나는 점점 신경질적이 되어 "좀 조용히 해주세요", "그만 가보세요", "괜찮아요" 하고 못되게 굴기도 했다.

한편 아버지는 보다못해 한 번씩 올라와서는 나를 업고 정원으로 나가셨다. 그리고 아무 말 없이 작은 정원을 두 바퀴 세 바퀴 돌다 방으로 데려다주시곤 했다.

그런 아버지가 무척 고마웠다.

지금도 간혹 천식 때문에 새벽에 깨어나 이불 위에 쭈그리고 앉는 일이 있다. 그러면 아내는 "괜찮아요?", "약 좀 먹는 게 좋지 않을까?", "오늘 일 스케줄은 괜찮아요?" 하면서 옆에서 계속 말을 시킨다. 그러면 나는 "좀 조용히 해줘" 하고 짜증을 내고, 아내는 뿌로통해진다.

여자들은 모성 본능 때문인지 걱정이 많고, 자꾸 말을 걸려 한다. 반면 남자들은 위기의 순간에 혼자 있고 싶어한다. 어떡하면 증상이 호전될 수 있는지, 오늘의 스케줄은 어떻게 해야 할지 등등을 생각한다. 이런 때는 대화하기가 힘들다.

그러던 어느 날 밤 아내는 같은 상황에서 내 어깨에 조용히 모포만 덮어주었다. 그것이 나로서는 더 고마웠다. 뭔가 말을 건네고 싶지만 참고 있는 아내에게 나는 작은 소리로 "고마워"라고 말했다.

걱정이 되는 상황은 모두가 마찬가지다. 그러나 이를 표현할 때는 상대의 성향과 그가 처한 상황을 잘 고려해야 한다. 남자는 대개 혼자 생각하고, 혼자 처리하길 좋아한다. 자신이 하려는 것을 상대가 먼저 말해버리면 오히려 반발심만 생긴다. "당신이 말을 안 해도 잘 알아", "일일이 간섭하지 마" 하고 화를 내기도 한다. 상대가 의견을 구하지 않으면 옆에서 가만히 지켜보는 것도 중요한 커뮤니케이션의 하나다.

부담을 주었다가 갑자기 풀어준다

여사원 L씨는 상사로부터 세미나를 수강하라는 지시를 받았다. 세미나 주제는 '리더십 향상'이었다. 주제도 새삼스럽고 너무나 갑작스러운 일이라 L씨는 "리더도 아닌 내가 왜?" 하고 의아스러웠다. 그러자 상사는 "자네도 이제 슬슬 리더의 입장을 알아야 하지 않겠나. 세미나를 수강해서 리더십 향상에 노력해주길 바라네. 그럼 부탁하네."

거기에다 상사는 "비싼 수강료를 회사에서 부담하는 것이니 제대로 배우고 와야 하네" 하고 덧붙였다.

이 말이 L씨에게는 부담을 주었다. 돌덩이를 얹은 듯 마음이 무거위 누가 대신 가주었으면 하는 심정이었다.

며칠 후, L씨는 상사에게 세미나에 다녀오겠다고 인사를 했다. 풀이 죽은 그녀를 보고 상사는 빙그레 웃으며 말했다.

"아, 사실은 자네가 걱정할 만큼 기대하고 있는 건 아니니까, 그냥 편안하게 다녀오게." 그녀는 놀란 얼굴로 상사를 쳐다보았다. 그러나 곧 상사의 말뜻을 이해하고 자신도 모르게 "감사합니다" 하는 말이 튀어나왔고, 두 사람은 마주 보며 웃었다.

이것이 바로 바짝 조였다가 일순간 풀어주는 상사의 지도법이다.

상대의 눈높이에 맞춰 말을 건다

"당신은 머리가 좋으니까 아마 잘할 거야. 우리 부서에서 모두 기대하고 있으니 잘 해보세요."

이런 말을 들으면 '그래. 다들 나한테 기대를 걸고 있으니 더 열심히 해야겠다'고 생각하는 사람도 있지만, 오히려 부담스러워 의욕을 잃는 사람도 있다.

"어때? 요즘 일은?"

"예, 그럭저럭."

이렇게 자연스럽게 대화를 나눌 수 있는 정도가 오히려 상대의 의욕을 북돋아준다.

리더가 되면 사명감에 불타 과욕을 부리기 쉽다. 사람들마다 의견 차가 있고 각자 바라보는 곳도 다르다.

리더는 아랫사람과 같은 눈높이에서 이야기를 하고, 자신의 실패담 등을 통해 자연스럽게 문제를 지적하거나, 실수한 사람에게는 잘못된 점을 확인하라는 정도만 알려주는 것이 좋다. 발아래 물웅덩이가 있다는 것을 알게 되면 폴짝 뛰어서 넘어갈 것이다.

상대가 듣고 싶어하는
칭찬을 한다

자존심이 센 남자는 허세의 반증

남자들이 종종 "자존심이 허락하지 않는다", "나도 자존심이 있다"는 등의 말을 하는 것은 오히려 자신이 없기 때문이다. 이는 가짜 자존심에 불과하다. 자신이 있는 사람은 좀처럼 시끄럽게 하거나 화를 내지 않는다.

남자라면 누구나 '능력 있고' '여자에게 인기 있으며' '주변 사람들로부터 신뢰받고' 싶어한다. 그러나 이는 어디까지나 그렇게 되고 싶다는 욕망일 뿐 실제는 그렇지 않다는 것을 본인도 잘 알고 있다.

좀더 엄밀히 말하면 '일을 잘했다가 못했다가', '여성에게 인기가 있었다가 없었다가', '의지가 되었다가 되지 못했다가' 하는 사이를 오락가락한다. 그리고 자칫 부정적인 인식이 찍힐까 항상 두려워하는 것이 남자들의 실상이고, 나도 그중 한 명이다.

빈말이라도 "선생님은 친절해서 젊은 여자들에게 인기가 많을 것 같아요" 하는 말을 들으면 "농담하지 마세요" 하고 넘기면서도 속으론 좋아한다.

남자들은 대개 자신이 없고, 불안으로 항상 요동친다. 이를 감추려고 가짜 자존심을 내세워 강한 척할 뿐이다.

때문에 칭찬, 특히 여자들로부터 듣는 칭찬은 자신감을 회복하고, 마음의 불안을 덜어주는 명약이다. 그야말로 최고의 기분을 만들어준다.

예전에 직장에 다닐 때 J라는 남자 후배가 있었다. 그에게 어느 날 애인이 생겼다. 그런데 그 친구의 애인이 칭찬을 잘하는 모양이었다. 평소 일에서도 그다지 두각을 나타내지 못하고 소극적이던 J씨가 애인이 생긴 뒤로는 성격도 밝아지고 회의 때도 적극적으로 발언했다.

자신감이 부족한 사람은 자신의 장점조차 제대로 보지 못한다. 거꾸로 장점을 알게 되면 자신감이 생겨난다. 상대의 장점을 부각시켜주는 것이 바로 칭찬의 힘이다.

남자의 칭찬, 여자의 칭찬

지인이 어느 날 이런 이야기를 해주었다.

저녁식사를 마치고 아내가 TV를 켜더군. 그때 나는 책을 읽고 있었는데, TV 소리가 시끄러워서 좀처럼 집중을 할 수 없었지. 그래서 아내에게 "시끄러우니까 TV 좀 꺼줘"라고 말했어. 그런데 아내는 "얼마나 재미있는 프로그램인데, 당신도 봐요." 이러는 거야. 그 말을 들으니 묘하게 더 반발심이 생겨서 기를 쓰고 책을 뚫어져라 보았지. 물론 전혀 집중할 수가 없었어. 그런데 며칠 후 아내가 TV를 켜더니 이번에는 나를 배려해서인지 소리를 줄이는 거야. '웬일이야?' 하는 생각이 들었지. 그래서 다음 날 아침 "어제 TV 볼륨을 줄여준 덕분에 책을 잘 읽었어" 하고 아내를 칭찬해주었어. 그러자 "그런 작은 소리로도 나는 다 들을 수 있어. 내 귀 정말 좋지?" 하고 자랑스러운 듯 말하지 뭔가.

이렇게 간단한 것을……, 처음부터 명령조가 아니라 칭찬을 해주었으면 좋았을 텐데 말이야.

다른 사람을 칭찬할 때는 세 가지 포인트가 있다.

❶ 상대가 듣고 싶어하는 칭찬을 한다

내가 칭찬하고 싶은 것과 상대가 듣고 싶어하는 것이 다른 경우가 있다. 칭찬할 때는 상대가 듣고 싶어하는 곳을 잘 찾아내서 해주어야 한다. 특히 남자들은 칭찬을 자신의 일로 귀결시켜 돌려 말하는 경향이 있는데 이는 좋지 않다.

예를 들어 프레젠테이션 자료가 예전보다 빨리 완성되었다. 스스로 대견해하는데 남자 선배가 "벌써 다 했어? 대단하네. 덕분에 나도 빨리 진행할 수 있게 되어 고마워" 하고 칭찬을 해주었다.

한편 다른 여자 선배의 칭찬은 달랐다.

"대단하네. 요즘 실력이 눈에 띄게 좋아지는 것 같아. 도표도 깨끗하게 잘 정리하고."

바로 후배 직원이 듣고 싶었던 부분을 지적하는 칭찬이다.

칭찬을 하는 데 필요한 것은 상대의 장점을 정확히 꿰뚫어보는 눈이다. 본인이 충분히 자각하고 주위로부터 자주 듣는 장점이라면 칭찬의 가치는 떨어진다. 칭찬의 달인은 다음 두 가지가 핵심이라는 것을 염두에 둔다.

● 장점임에도 불구하고 본인이 깨닫지 못한 점

● 변화, 성장을 해서 좋아진 점

❷ 마음을 담아 칭찬한다

A양은 동료 M양으로부터 기분 좋은 칭찬을 들었다.

"A는 하나하나 완벽하게 일을 해내니 정말 대단해. 조금 일이 익숙해지면 다들 해이해지기 쉬운데 자기는 정말 달라."

이런 말을 들으면 누구나 기분이 좋아질 수밖에 없다.

❸ 라이벌을 칭찬한다

누구든 라이벌에 대해서는 칭찬하는 것이 내키지 않는다. 칭찬을 하더라도 건성으로 하게 되니 입에 발린 소리, 비꼬는 말이 되기 쉽다. 이를 극복하여 진심으로 라이벌을 칭찬할 수 있다면 그는 한 단계 성장한 것이다.

칭찬을 잘하는 사람이 남들로부터 칭찬을 자주 듣는다. 칭찬받고 싶다면 자신이 먼저 다른 사람을 칭찬해보자.

실패했을 때는
한층 밝게 용서를 구한다

실패는 받아들이기 나름

"실패를 두려워하지 말라"는 말을 귀에 딱지가 앉을 정도로 듣는다. 사실 어느 누구도 실패를 바라지 않을 뿐더러, 실제로 실패는 두려운 일이다.

그렇다고 해도 현실적으로 실패는 피할 수 없다. 어떻게 받아들이느냐가 중요하다.

실패를 하면 충격을 받고 좌절감에 빠지는 사람이 있다. 반대로 전혀 신경 쓰지 않고 바로 잊어버리는 사람도 있다.

낙담하여 심한 자기혐오에 빠지는 사람은 실패를 계속 되씹느라 전향적인 생각을 하지 못하기 때문에 좋지 않을 수도 있지만 그렇다고 절대적으로 나쁜 것만도 아니다. 일단 바닥을 경험하고 괴로움을 알게 됨으로써 사물을 신중하게 받아들일 줄 알게 된다. 속이 더 깊어지는 긍정적인 면도 있다.

이런 부류는 실패에도 개의치 않고 빨리 잊어버리는 사람들이 부럽기만 하다. 이들은 그늘이 없고, 회복이 빠르다. 긍정적인 사고를 하기 때문에 좋은 평가를 받는다.

그러나 아무 걱정도, 고민도 없는 사람은 마음의 갈등이 적기 때문에 문제를 안일하게 처리하기 쉽다. 깊이 생각하지 않으므로 실패로부터 배우는 것도 적다. 사람은 실패를 통해 많은 것을 배울 수 있다. 새롭게 배우기 위해서는 잠시 실패를 되새기며 괴로움을 반추하는 경험이 필요하다.

실패를 돌아보고 고민하지 않는 사람들이야말로 정신적으로 약한 것일 수도 있다.

'괜찮아'라는 말을 들어도, 여전히 고민하는 사람이 심적으로는 훨씬 단단하다.

실패해도 심각해지지 말라

당신은 실패한 경우 어떤 태도를 취하는가? 대개는 실패를 인정하고 사과하거나 변명으로 일관하거나 둘 중 하나다.

실패한 후에 고민도 필요하다고 앞에서 말했지만, 그러나 이는 어디까지나 마음속 혼자만의 일이다. 실패한 뒤, 타인에게 어떤 태도를 취하는가 하는 문제는 전혀 다른 차원이다.

아무리 소심한 사람일지라도 내적 고민을 그대로 밖으로 드러내어 '나 자신에게 실망했다', '내가 생각해도 바보 같다'는 식의 의기소침한 태도를 보여서는 안 된다.

실패는 주위 사람들에게 폐를 끼치는 행위다. 상대의 마음에 상처를 주고, 업무 스케줄을 뒤죽박죽으로 만들며, 때로는 회사의 신용까지 떨어뜨릴 수 있다.

앞에서 소개한 《스누피의 인생 안내》에 이런 말이 실려 있다.

"이런 실패를 하다니, 내가 정말 미워졌어" 하고 말할 시간이 있다면 먼저 사과나 하셔.

그러나 마음속에서 갈등하고 있는 상황이라면 사과를 하기란 쉽지 않다. 우선 이를 극복하기 위한 방법을 알아보자.

◈ 실패를 웃음에 버무려라

실패라고 하는 어두운 사건을 웃음이라는 천으로 잘 감싸서 밝게 치장하는 것이다.

M양은 실수를 하면 항상 "이런!" 하고 큰 소리로 먼저 자진해서 잘못을 알린다. "또 실수했네!" 이렇게 말을 하며 "하하하" 하고 쑥스러운 듯 웃는다. 목소리에 힘이 있고, 웃음소리도 커서 침울한 느낌은 전혀 들지 않는다. 그리고 바로 "죄송합니다" 하고 사과한다. 그녀는 "이런!" 하는 한 마디로 마음속의 갈등을 일단 잠재운다.

한편 P양은 '웃음으로 얼버무리는' 타입이다.

"내 입장이 곤란하게 됐잖아. 나한테 제대로 알려줬어야지. 고객한테 전화를 했더니 조금 전에 어떤 여자 직원에게 못 들었냐면서 회사가 그런 것도 제대로 전달이 안 되냐고 화를 내잖아."

이에 P양은 항변을 한다.

"책상 위에 메모를 남겼습니다."

"메모? 이것 말이지? 하지만 보이지도 않게 구석에 던져놓고……. 먼저 한마디 해주었으면 좋았잖아."

"자리에 안 계시기에 메모를 써둔 건데요."

P양은 웃으면서 '그게 잘못인가요?' 하는 표정이다. P양의 웃음은 자신이 전달하는 것을 깜박한 데 대한 실수를 상대의 잘못으로

돌리며 얼버무리는 것이다. 이 웃음에는 M양과 같은 밝음은 느껴지지 않는다. 실패를 두려워하며, 자신을 지키려는 변명이기 때문이다.

실패를 긍정적 태도로 극복하기 위해서는 실수를 감추지 않고 밖으로 표출하면서 당당히 몸을 낮추어야 한다.

3장

첫 만남에서 상대를
감동시키는 말의 마법

● 모든 사람과 좋은 관계를 맺는 여자의 스킬

처음 만난 사람과
가까워지는 법

서로 간의 팽팽한 경계심

사람은 누구나 '경계심'과 '친근함' 양면을 함께 가지고 있다. 말을 잘하는 여성은 친근함의 비중이 조금 더 크다.

낯선 사람을 만나면 누구나 긴장한다. 긴장이 경계심으로 갈지, 친근함으로 갈지는 어떤 말이 오가는가에 달려 있다.

처음 보는 사람과 마주했을 때 긴장하게 되는 이유는 대개 다음 두 가지다.

① 서로 상대를 잘 모른다.

② 첫 대면을 하는 자리가 익숙하지 않다.

여자를 만나본 경험이 적은 남자가 소개팅 자리에서 긴장하는 것은 당연하다. '처음 만나는 사람 앞에서는 긴장해서 말이 잘 안 나온다'는 여자들이 있지만 때로는 남자가 더 긴장하기도 한다. 결코 자기 혼자만 긴장하고 있는 것은 아니라는 얘기다.

이를 기억해두고 스스럼없이 말을 걸어보면 어떨까?

낯선 사람에게 말을 걸어보는 연습 하기

내가 강연하는 '회화강좌' 커리큘럼 중에 1주일 동안 세 명의 낯선 사람에게 말을 걸어 어떤 반응이었는지를 발표하는 시간이 있다. 수강자들은 처음 보는 사람에게 말을 걸어야 한다.

30대 여성의 이야기다. 그녀는 아파트에서 역까지 가는 동안 가끔 마주치는 젊은 여성에게 용기를 내어 "좋은 아침이에요" 하고 말을 걸었다. 젊은 여성은 처음엔 약간 당황한 표정이었지만, 곧 미소를 지으며 "좋은 아침입니다" 하고 대답해주었다.

"항상 이 시간에 여기를 지나면서 가끔씩 뵈었어요. 그래서 인사를 해야지 하고 생각했거든요."

"저도 몇 번 본 기억이 나네요."

친근한 미소에 힘을 얻어 두 사람은 역까지 나란히 걸어가면서 이런저런 이야기를 나누었다. 뿐만 아니라 얼마 뒤 아침 출근 시간에 또다시 마주치게 되어 친구로 발전했다.

그 외에도 그녀는 회사 엘리베이터 앞에서 한 사람, 복도에서 부딪힐 뻔한 사람에게 말을 걸어 모두 세 명을 새롭게 알게 되었다고 한다.

"지금까지 모르는 사람에게 먼저 말을 걸어본 적이 없는데, 이번에 말을 걸어보니 의외로 사람들이 친절하였습니다. 친구도 한 명 생겼고요."

낯선 사람에게 말을 거는 것은 누구한테나 긴장되는 일이다. 그러나 상대의 시선에 맞춰 대화를 시도하면 대개는 경계심을 풀고 대해 줄 것이다.

일상적인 한마디로 족하다

처음 만나는 사람한테 좋은 점을 보이려고 너무 애를 쓰거나, 멋진 말을 하려고 노력하는 사람이 있다. 그러나 이런 방식에는 무리가 따른다.

우선 오히려 긴장을 해서 진짜 자신의 모습을 감추게 된다.

그리고 설령 잘되었다고 하더라도 첫인상을 유지하기 위해 두 번째 이후가 더 힘들어진다.

즐겁게 대화를 나누려면 먼저 편안한 분위기를 조성해야 한다. 긴장감을 친근감으로 만들어갈 때 무리한 설정은 오히려 방해가 된다.

'상대의 눈높이'에 맞춘다는 것은 능력 이상으로 무리하거나 반대로 지나치게 자신을 낮추는 것이 아니라 상대와 같은 위치에 선다는 의미다. 시선이 같은 곳을 향하면 긴장도 풀어지고 훨씬 친근감이 생긴다.

말을 걸 때도 일상적인 말로 다가가는 것이 좋다.

출장 가는 길에 우연히 젊은 여성 옆자리에 앉게 되었다. 자, 어떻게 말을 걸어볼까?

뭔가 그럴듯한 말을 하고 싶은데 좀처럼 떠오르지 않는다. 그런데 그녀가 도시락을 꺼내면서 "실례합니다"라고 작은 소리로 말했다. 그 말에 힘을 얻어 "도시락이 맛있어 보이네요" 하고 말을 걸었다. 그러자 그녀는 "감사합니다" 하면서 미소로 대답했다. 밝고 솔직한 말에 긴장감이 조금 누그러졌다. 그때 나 역시 점심식사로 준비해온 빵을 꺼내면서 "저도 실례하겠습니다" 하고 말했다. 이를 본 그녀가 말을 걸어왔다.

"맛있어 보이는 빵이네요."

자, 이제 뭐라 대답할까? '감사합니다'라고 하면 그녀가 했던 말을 반복하는 셈이 된다. 그래서 나는 "하나 드시겠어요?" 하고 권해 보았다.

그러자 그녀가 "네, 그럼 이것 하나 먹어볼까요?" 하고 빵 하나를 가리켰다. 내가 제일 좋아하는 빵이었지만 흔쾌히 "이거요? 네, 드세요" 하고 건넸다. 갑자기 거리가 한층 가까워진 느낌이 들었다. 이후 도쿄에 도착할 때까지 우리는 계속 이야기를 나눌 수 있었다.

옆자리의 여성이 특별한 말을 한 것은 아니다. '감사합니다'는 별 의미 없는 인사에 지나지 않는다. 그 뒤의 두세 마디도 평범하기 그지없었다. 이처럼 자연스럽고 평소와 다름없는 대화가 경계심을 누그러뜨리고 친근감을 준다.

상대가 당황하고 있다면 이는 긴장 때문이다. 일상적인 말이나 미소를 통해 상대의 긴장을 풀어주도록 하자.

누군가를 처음 대면하는 순간은 새로운 만남을 예고하는 것이다. 어떤 만남이 기다리고 있는지 두근두근 기대해도 좋지 않을까?

좋은 인상을
주는 대화 요령

말을 듣는 동안에도 존재를 어필할 수 있다

즐겁게 이야기하는 사람을 보고 있노라면 나까지 덩달아 즐거워진다. 이 정도면 좋다. 그러나 문제는 과열된 경우다. 상대방은 안중에도 없고 자기 얘기만 끝없이 쏟아낸다면 점차 분위기가 냉랭해진다. 게다가 자기 말에 지나치게 취하는 부류들은 대개 남이 말을 할 때는 듣는 둥 마는 둥 건성이다.

대화에서 가장 중요한 것은 경청하는 태도다.

사람은 말을 할 때 듣는 이의 반응에 크게 영향을 받는다. 특히 남자는 여자가 생각하는 것 이상으로 주위 반응에 민감해서, 상대방의 태도에 약간의 변화만 감지돼도 크게 신경을 쓰고 동요한다.

그러므로 남자와 커뮤니케이션을 할 때는 말을 할 때보다 들을 때 더 집중해야 한다. 듣는 사람이 주위를 두리번거리거나, 아래를 쳐다보거나, 머리카락을 꼬거나, 휴대전화를 만지작거리는 등 부산스러우면 말하는 사람은 상당히 불안한 마음을 갖게 된다. '나한테 흥미가 없는 모양이다'라고 생각할 수도 있다.

열심히 듣고 있다는 것을 눈, 표정, 고개 끄덕임 등을 통해 표현하자. 말을 하는 사람에게 이보다 더 반가운 것은 없다. 열심히 경청하는 사람에게는 누구나 호감을 가진다.

상대의 이야기를 도중에 끊지 말라

여자들과 대화를 하면서 종종 당황하게 될 때가 있는데, 중간에 말을 끊어버리는 경우다. 오늘 아침에도 그런 일이 있었다. 아침식사 중에 일어난 일이다.

"11시 조금 전에 나갈까? 그러면 사무실에 도착해서 약간 준비도 할 수 있고, 게다가……."

그런데 아내가 창문 쪽을 보면서 불쑥 말했다.

"아, 정원에 또 새가 왔다. 저것 좀 봐요. 정말 커요."

"지금 내가 얘기하고 있잖아."

나는 갑자기 기분이 상해서 더 말할 마음이 들지 않았다. 내가 아무 말도 하지 않자, 아내는 놀란 모양이다.

"왜 그래요? 계속 얘기해봐요."

"됐어, 말하고 싶지 않아."

"당신은 뭘 그런 걸 가지고 화를 내요? 애처럼."

"됐다니까!"

어처구니없는 상황이지만, 나는 서둘러 아침식사를 마치고 후다닥 2층 서재로 올라가버렸다. 이런 장면은 부부 사이에 흔히 볼 수 있는데, 이상하게도 같은 반응, 같은 태도가 항상 반복된다.

여자들은 이야기를 들으면서 동시에 여러 가지를 한꺼번에 떠올릴 수 있는 모양이다. 주의를 여기저기에 분산시키고 있다가 일순 뭔가 번쩍 떠오르면 동시에 입 밖으로 내뱉는다.

창문 너머로 새가 나무에 앉는 모습을 보는 순간 여러 가지 생각이 떠올라 이를 말하지 않고는 못 견디는 것이다. 갑자기 아무 연관도 없는 이야기가 튀어나오면 나는 나대로 화가 순간적으로 폭발하고 만다.

상대의 말허리를 자르지 말라. 이는 대화에서 반드시 지켜야 하는 에티켓이다. 상대방이 이야기를 하고 있을 때는 도중에 다른 화제가 떠오르더라도 잠시만 참고 있자. 또 말하는 쪽도 나처럼 바로 화를 내기보다는 마음의 여유를 갖는 것이 좋겠다.

얼마 전 레스토랑에서 이런 광경을 목격했다.

남자는 즐겁게 이야기를 하고, 여자는 들으면서 맞장구를 쳐주고 있었다. 그러다 여자가 테이블 위에 나온 요리를 한 입 먹어보고는 갑자기 목소리를 높여 말했다.

"어머, 이거 정말 맛있다. 좀 먹어봐요."

남자는 갑자기 말을 끊고 잠시 멍한 표정이었다. 그러나 금세 미소를 지으며 말했다.

"자기는 맛있는 것만 보면 정신을 못 차린다니깐. 항상 말을 중간에 끊지……."

그러자 여자는 "미안해. 얼마나 맛있는지 당신에게 당장 알려주고 싶었거든."

두 사람은 웃음을 터뜨렸다. 얼마나 재치 있는 답변인가?

친한 사이라도
단정적인 표현은 피하라

부정적인 단정과 긍정적인 단정

일방적인 말투는 다른 사람의 말을 인정하지 않는 단정적인 화법이다. 때문에 상대의 반발, 반론을 불러일으키는 것은 물론이고, 좁고 편향된 관점에 빠질 위험이 있다.

"확실히 그렇다니까."

"그게 당연한 거 아냐?"

평소 흔하게 사용하는 말투다. 그런데 이것이 혼자만의 생각이라면 듣는 사람은 당연히 위화감을 느끼게 된다. 다른 의견을 받아들일 여지가 없기 때문이다.

스스로에 대한 단정은 어떨까? 작가 야마다 에이미 씨의 소설에는 "어째서 알지도 못하는 미래의 일 때문에 한숨을 쉬지?" 하는 말이 나온다. 미래가 이미 결정된 것처럼 "어차피 그렇게 될 텐데" 하고 일방적으로 단정 짓고 포기하는 사람이 바로 '알지도 못하는 미래 때문에 한숨 쉬는 사람'이다. 부정적인 단정은 인생의 가능성을 잘라버린다.

반면 "분명 잘될 거야", "꼭 성공할 거야"라는 식의 긍정적인 단정은 나약한 마음을 다독이며 자신감을 북돋을 수 있다. 다만, 이것도 자신에게 하는 것은 관계없지만 타인에게 말할 때는 분위기를 봐가면서 해야 한다.

"망설여진다면, 일단 나아가라"는 말이 있다. 대부분의 사람들은 실패할 수 있다는 불안 때문에 갈피를 잡지 못한 채 앞으로 나아간다. 바로 그런 것에 인간적인 면모가 있다.

일방적인 말투나 단정형의 표현은 인간적인 면모를 배제하고, 무조건 밀어붙일 소지가 높다. 그러면 상대방은 당연히 반발하게 된다.

흔히 듣게 되는 일방적인 언사들

자기 의견을 의도적으로 강요하는 사람들이 있다. 단정적으로 말을 하면 상대방이 들어줄 거라고 생각하는 것이다. 인간의 약점을 이용해서 주도권을 잡으려는 이들이다.

예를 들면 이런 식이다.

"당신은 사람들에게 오해를 받기 쉬워. 그런 타입이야."

"그래요? 그런 면이 있었나? 그런 걸 어떻게 알아요?"

"난 알아. 당신 같은 사람은 손해를 보는 타입이야."

상대가 이렇게 확신에 차서 얘기하면 대부분은 그 논리를 받아들이게 된다.

"그래요. 나는 손해를 보는 타입이에요."

듣는 이는 단정적인 어투에 휘말려 정말 그렇게 믿고 만다. 단정이 가진 힘이 암시 효과를 발휘하기 때문이다. 말하는 사람은 이 효과를 이용해서 상대를 자기 마음대로 조종하려 한다.

특히 마음이 약한 사람은 이런 일방적이고 단정적인 말에 쉽게 영향을 받는다. 그러나 그들의 말을 무조건 따라서는 안 된다. 그들은 필경 나쁜 의도를 갖고 있을 가능성이 높기 때문이다.

한편 자신도 의식하지 못한 사이에 단정적인 말투를 쓰고 있는 경우도 많다. 즉 강압적인 말이나 단정적인 표현은 다음 두 가지로 나뉜다.

① 의도적으로 말하는 경우

② 의식하지 못한 채 말을 하는 경우

여기에 한 가지를 더 추가하면 다음과 같다.

③ 갑자기 튀어나온 경우

③에 대해서는 뒤에서 다시 설명하기로 하고, 우선 ②에 대해서 살펴보자.

젊은 여성의 이야기다. 그녀는 예전에 한두 마디 이야기를 나눈 적이 있는 남자로부터 이런 이야기를 들었다.

"당신은 외로움을 많이 타는군요."

"아니요, 그렇지는 않은데요."

"그럴 거예요. 외로움을 잘 타요."

상대방이 일방적으로 단정 짓는 말에 그녀는 '제멋대로군' 하는 반발심이 들었다. 본인이 아니라고 부정하는데도 남자는 자기 생각을 강요하면서 한 발자국도 물러서지 않았다. 강압적인 태도가 몸에 배어 있는 것이다.

여자들 중에도 별 생각 없이 이런 식으로 말을 하는 경우가 있다.

그럼 ③ 갑자기 튀어나온 경우를 보자.

유치원 교사가 한 아버지한테 아이의 말투가 거칠다는 이야기를 했다. 그런데 아버지는 전혀 인정하지 못했다.

"다른 아이들도 말이 다 거친 것 같은데요."

그러자 유치원 교사는 자기도 모르게 "아니에요. ○○만 항상 말을 거칠게 해요" 하고 말했다.

이런 경우는 한 발 물러나서 "네. 다른 아이들에게도 주의를 주겠습니다. 그러니 아버님도 아이를 지도해주시길 부탁드릴게요" 하고 대답했으면 더 좋았을 것이다.

인간은 다양한 측면을 가지고 있다. 각기 다른 측면에 따라 생각하는 습관을 익히도록 하자.

칭찬이 효과를 발휘할 때,
빛을 잃을 때

남자들은 대부분 '칭찬 결핍증'

'칭찬법'에 대해서는 2장에서 언급한 바 있다. 그럼에도 재차 언급하는 것은 칭찬의 힘이 그만큼 크기 때문이다. 특히 남자를 칭찬할 때는 요령이 필요하다.

커뮤니케이션을 할 때 상대를 배려해야 한다는 것은 새삼 강조할 필요도 없다. 그런데도 일상에서는 상대의 상황이나 분위기를 미처 가늠하지 못하고 아무렇게나 말을 하는 일이 적지 않다. 그 결과 생각지도 못한 일이 벌어져 당황하게 된다.

그런데 칭찬을 할 때도 우선 상대가 어떻게 받아들일지를 생각해야 한다. 예상치 못한 반응이 돌아오거나 자칫 오해를 불러일으킬 수도 있기 때문이다. 오히려 역효과가 나는 것이다.

여자에 비해 남자는 칭찬에 인색한 편이다. '칭찬 결핍증'이 있기 때문에 칭찬을 받아도 과잉 반응하는 경우가 많다. 그러면서도 인기 관리에 무척 신경을 쓴다.

전날 결근한 여사원에게 동료 남성이 다가가서 말을 건다.

"어제는 안 보여서 쓸쓸했잖아요. 당신이 있는 것만으로도 사무실 분위기가 확 밝아지는 것 같아요."

"비행기 태우는 것을 보니 뭔가 부탁할 게 있나 보죠?"

이런 식으로 대부분의 여자는 남자의 칭찬을 가볍게 흘려듣는다. 그런데 반대로 남자가 여자에게 이런 말을 들었다면 어떨까?

아마도 남자는 이 말을 마음속에 담아두고 '혹시 저 여자가 나를 좋아하는 게 아닐까?' 하고 착각에 빠질 것이다.

따라서 무심코 한 칭찬이 남자의 과잉 반응을 불러일으키지는 않을지 잘 따져보아야 한다.

사적인 것이 아니라, 업무 능력을 칭찬하라

남자에 대한 칭찬은 '양날의 칼'과 같다. 자칫 오해를 부를 마이너스 요인과, 반대로 자신감을 주고 의욕을 부추기는 플러스 요인을

다 가지고 있는 것이다.

"P씨의 설명은 귀에 쏙 들어와요. 손님의 평판도 정말 좋아요."

"그래요? 저는 잘 모르겠는데요."

"만약 제가 손님이라면 설명도 재미있게 잘해서 아마 팬이 되었을 거예요."

이처럼 직장에서 개인적인 칭찬이 계속 이어지면 오해를 불러일으킬 소지가 있다.

"요전 회의에서 P씨의 발표를 들었는데, 정말 훌륭했어요."

"그래요? 개인적으로 발표하는 건 자신이 없어서."

"컴퓨터 소프트웨어에 대한 설명이 아무래도 어렵잖아요. 그래서 더 중요하기도 하고요. 아무리 컴퓨터를 잘해도 쉽게 설명하지 못하면 제대로 해낼 수가 없잖아요."

"사실 그렇긴 해요."

"P씨의 설명은 이해하기 쉽고 재미있으니 자신감을 가지고 하세요. 다음 번 프레젠테이션도 좋은 결과 기대할게요."

"아, 벌써부터 부담을 주시는 것 아니에요?"

"그렇지요. 우리 과의 매출이 거기에 걸려 있는걸요."

이와 같이 P씨 개인에 관한 내용보다 업무 성과에 대해 직접적으로 칭찬하는 것이 효과적이다.

능력은 뛰어난데도 발표나 프레젠테이션에 자신이 없는 P씨에게 '설명이 쉽고 재미있다'는 점을 칭찬하여 응원하고 있다. 그의 업무 능력, 기술 등 장점을 발견하여 알려주는 것이다.

업무에 대해 칭찬하려면 우선 그 사람의 장점이 무엇인지를 파악해야 한다. 결점이나 빈틈이 눈에 더 잘 띄지만, 누구나 재능과 장점을 갖고 있게 마련이다. 이처럼 숨겨진 장점을 찾아내 칭찬해주면 상대는 자신감을 얻게 된다.

P씨는 자신도 알지 못했던 '쉽게 설명하는 능력'을 여사원에게 인정받자 자신감이 더욱 생겼다. 다음 프레젠테이션에는 훨씬 적극적으로 임하게 될 것이다.

적절한 칭찬은 큰 힘을 발휘한다는 것을 잊지 말자.

현명한 리더는 강한 척하지 않는다

요즘은 여자 상사가 남자 사원들을 이끄는 일이 늘어나고 있다. 하지만 '여자라고 만만하게 보지 말라'는 식으로 강한 척 밀어붙이면 오히려 반발만 불러일으킨다.

여자 리더가 남자 직원을 대할 때는 다음 세 가지를 명심하는 것이 좋다.

① 밝게 대한다.

② 잘 들어준다.

③ 칭찬을 많이 해준다.

특히 부하 한 명 한 명의 장점을 발견하여 솔직하게 칭찬해주는 것이 중요하다. 슬럼프에 빠지거나, 의욕을 잃은 부하에게 '밝게 말을 걸어주고', '상대의 이야기를 열심히 들어주며', '장점을 부각시켜 칭찬한다'는 세 가지를 반드시 실행하도록 하자.

업무 실적이 늘지 않아 고민하는 남자 직원의 미팅에 여자 상사가 함께 동행했다. 가기 전에 남자 직원은 "제가 원래 말주변이 없어서 이야기를 잘 못해요" 하고 자신 없이 말했다.

그런데 남자 직원이 손님과 면담하는 것을 보고 여자 상사는 그를 칭찬했다.

"당신은 말주변이 없는 게 아니었어요. 말하는 내용도 적절했고, 질문에도 대답을 잘했으니까요. 단지 자신이 말주변이 없다고 생각하기 때문에 말투에도 힘이 들어가지 않았던 거예요. 자신감을 가지고 밝게 말을 하면 틀림없이 실적도 오를 겁니다."

고민에 빠져 있거나 의기소침해 있는 사람은 자신의 장점을 잘 찾아내지 못한다. 장점을 키우기 위해서는 칭찬이 큰 효과를 발휘한다.

남자는
이런 칭찬에 약하다

상대 남자가 직장 동료인가 애인인가 또는 남편인가에 따라 칭찬하는 방식도 달라야 한다. '자신은 반드시 필요한 존재이고, 사랑받고 있다'는 것을 칭찬을 통해 느끼도록 하는 것이 포인트다.

애인을 칭찬할 때

좋은 점을 솔직하게 칭찬한다. 이것이 기본이다. 첫 데이트에서 식사를 하는데 갑자기 여자가 남자를 보고 "우와, 대단한 식욕이네요" 하고 감탄하며 말한다.

그러자 남자가 겸연쩍은 얼굴로 대답한다.

"그거 혹시 칭찬인가요? 아니면……."

"식욕은 건강의 기본이잖아요. 우리집은 아버지가 몸이 아프셔서 항상 집안의 걱정이거든요. 그래서 건강한 모습을 보면 좋아요."

마음이 담긴 따뜻한 말 한마디가 남자를 기분 좋게 한다는 것을 잊지 말자. 식사를 마치고 밖으로 나온 뒤 여자가 말한다.

"오늘은 참 즐거웠어요. 말씀을 재미있게 하셔서 시간 가는 줄도 몰랐네요."

이런 칭찬 한마디를 하면 더욱 좋을 것이다. 다만 이때 진심을 담아 말해야 한다. 입에 발린 소리는 상대방이 금방 눈치 챈다.

남자와 여자가 몇 번 데이트를 했는데, 남자는 한 번도 약속 시간에 늦은 적이 없었다. 여자는 속으로 대단하다고 생각했다.

"당신을 만난 뒤에 나도 시간을 잘 지키게 되었어요. 당신 덕분이에요" 하고 진심을 담아 칭찬해주었다. 상대에게는 당연한 생활습관일 수 있지만, 마음을 담아 칭찬을 해주면 쑥스러워하면서도 좋아한다.

그런데 어느 날 남자가 약속 시간보다 늦게 나왔다.

"지각!"

여자는 일단 토라진 척하고는 "걱정했잖아" 하고 말을 해준다.

항상 시간 약속을 잘 지키던 사람이라 무슨 일이 있는 것은 아닌지 신경을 쓰게 된다. 그 마음을 남자에게 분명히 전달한다.

반면 "도대체 무슨 일이야?" 하고 집요하게 추궁하는 것은 좋지 않다. 상대 역시 미안한 마음을 갖고 있기 때문이다.

남자와 여자 사이에는 때로 토라지고, 다투는 등 약간의 기복이 생길 수밖에 없다. 그런 상황에서 칭찬은 한층 빛을 발한다.

남편을 칭찬할 때

결혼을 하고 나서는 상대를 칭찬하는 일이 점점 줄어든다.

결혼 전에는 헤어스타일을 조금만 바꿔도 "잘 어울리는데? 전보다 훨씬 분위기가 있네" 하고 칭찬하더니, 결혼 후에는 전혀 알아채지 못한다.

"오늘 나 뭔가 달라지지 않았어? 뭐야? 잘 모르겠다는 표정은 너무한 거 아니야?" 이런 식으로 불만을 토로하는 아내가 적지 않다.

내가 칭찬을 하지 않으면 상대도 칭찬을 하지 않는다. 반대로 칭찬을 잘하는 사람은 칭찬을 많이 받는다. 칭찬은 아무래도 전염성이 있는 듯하다.

칭찬을 받고 싶다면 내가 먼저 칭찬해주자.

이제 남편 칭찬하기의 기본 테크닉에 대해 알아보자.

◈ 하루에 하나씩 좋은 점을 찾아내 칭찬해준다.

주부들에게 "일주일에 한 번은 남편을 칭찬하십니까?" 하고 물었더니 다들 당황한 표정이 역력했다. 개중에는 "칭찬은커녕 대화도 제대로 못하는걸요"라고 말하는 주부도 있었다.

맞벌이 부부들은 특히 바쁘다. 서로 얼굴을 맞대고 차분히 얘기할 시간이 없다. 그러나 대화는 물론 칭찬도 전혀 없다는 것은 애정이 식었다는 증거일 수 있다.

'하루에 한 번 칭찬하겠다'는 목표를 세워보자. 토요일, 일요일 같은 휴일은 물론이고 바쁜 주중이라도 아침 혹은 저녁에 잠시 얼굴을 보며 한마디씩 칭찬의 말을 건넨다.

상대를 좀처럼 칭찬하지 않는 사람들에게 그 이유를 물어보면 "칭찬할 것이 없다"고 대답한다. 결혼한 지 오래된 부부일수록 단점만 눈에 보이고, 장점은 찾아볼 수 없다고들 말한다.

그런데 이상하게도 결혼 전에는 장점이었던 것이 결혼 후에는 단점이 된다. 연애 중에는 '시원시원하다'며 자랑했지만 지금은 '돈 씀씀이가 헤프다'는 부정적인 평가로 바뀐다. '사람이 좋다'는 장점은 '너무 무르다'는 불만 사항이 된다.

상대를 칭찬하기 위해 생각을 바꾸어보자. 단점을 다른 시각에서 바라보면 장점이 될 수도 있다. 한 주부는 남편에게 시원시원하다고 칭찬해주었더니 남편이 좋아하며 식기세척기 사라며 보너스 받은 돈을 주더란다.

장점을 찾는 노력은 상대에 대한 관심으로 이어진다. 또한 좋은 점을 찾는 동안 상대의 결점도 받아들이게 된다.

요즘은 가사와 육아를 남녀가 함께 분담하는 시대다. 그러나 실제로 남편이 적극적으로 도와주는 집은 많지 않다. 때문에 협조를 얻기 위해 가정적인 남편을 충분히 칭찬해주는 것이 효과적이다. 칭찬은 상대를 인정한다는 뜻이기 때문이다.

타인과의 비교는
불쾌할 뿐, 무익하다

굳이 타인과 비교하고 싶어하는 이유는?

상대에게 상처 줄 마음은 아니었는데도 무심코 다른 사람과 비교하게 되는 경우가 있다. 만약 자신에게 그런 버릇이 있다면 한시 빨리 고치는 것이 좋다.

타인과 비교당하는 것을 좋아할 사람은 아무도 없다.

"같은 파견 사원인데도 요전까지 있던 사람과 당신은 정말 다르군요. 전임자는 통 사람들과 어울리지 않았거든요. 점심시간에도 혼자서 밖으로 나가 한 시간을 꼭 채운 뒤 돌아왔죠. 같이 점심을 먹자고 해도 듣지 않았어요. 하지만 당신은 스스럼없이 다가와서 어울리니 참 좋네요. 그리고……."

이전 사람과 비교를 해가며 '당신은 좋은 사람이다'라는 것을 말하고 있지만, 솔직히 듣는 사람은 그리 기분이 좋지 않다. 전임자를 험담하기 위해 이용하는 듯한 느낌을 주기 때문이다. 상대를 칭찬하는 말 속에 다른 사람에 대한 불만을 은근히 드러내고 있는 경우다.

남자친구에게 "L씨는 담배 끊었다면서? 대단해" 하며 그의 친구들과 비교한다면 그는 분명 새침해질 것이다.

"글쎄, 언제까지 갈지 모르지."

"L씨는 의지가 강하니까 오래갈 것 같은데."

"그 녀석이 그러든 말든 내가 무슨 상관이야."

대개 남자들은 이런 식으로 반발한다. 여기에는 이유가 있다. 그녀의 발언에서 '당신은 담배를 끊지 못하는, 의지가 약한 사람'이라는 메시지가 은연중에 감지되기 때문이다. 말하자면 상처를 받은 것이다. 한편 여자의 마음속에는 담배를 끊은 L씨를 부러워하는 마음과 여전히 줄담배를 피워대는 그에 대한 불만이 함께하고 있다.

타인과 비교함으로써 상대를 반성하게 만들거나 의욕을 부추길 수 있다고 생각할 수도 있지만 사람의 마음은 그리 간단하지가 않다.

남과 비교되면 누구나 자존심에 상처를 입는다.

완벽한 인간은 없다. 누구나 부족한 부분을 가지고 있다. 이를 잘 알고 있으면서도 기대가 앞서다 보니 부족한 부분을 타인과 비교하고 만다.

"내 친구 M의 애인은 사장 아들이래. 멋진 자동차를 타고 다니는데 가끔씩 그 차를 타고 드라이브하러 간대."

설령 '그에 비해 당신은……' 하고 비교하려는 의도가 없었다고 해도 남자들은 자신이 비교당한다고 느낄 것이다.

"고등학교 동창회에 갔잖아. 거기서 P라는 친구를 만났는데 컴퓨터 관련 회사를 설립해서 사장을 하고 있더라고. 수입이 샐러리맨 때와는 비교할 수 없을 정도래. 물론 그만큼 일도 힘들다고 하지만, 어쨌든 멋있던데."

남자는 이 말을 듣고 쓴웃음을 지을 것이다. 항상 남의 집 정원에 핀 꽃이 더 예뻐 보이는 법이다.

비교를 하려면 본인을 대상으로!

세상을 살다 보면 마음에 들지 않는 사람도 현실적으로 받아들여야 한다.

특히 직장에서는 상사가 아무리 싫다고 해도 피할 수가 없다. 그 상사가 아랫사람에게만 일을 시키고 자신은 빈둥거리기만 하더라도 그 밑에서 벗어나기는 힘들다. 어차피 받아들여야 하는 일이라면 다른 상사와 비교하면서 투덜대기만 할 것이 아니라 생각을 바꿔보는 것도 현명한 방법이다. '아무것도 하지 않는 상사 덕분에 나는 하고 싶은 일을 많이 할 수 있어. 이것도 좋은 경험이 될 것이다' 하고 말이다.

상대가 남자친구나 남편인 경우는 어떨까? 자신이 좋아서 선택한 상대인 만큼 소중한 사람이다. 부족한 점이 있음에도 불구하고 그 사람을 사랑하는 것이다. 그런데 어느새 애인이나 남편을 타인과 비교하고 있다면 처음의 좋은 감정이 흔들리고 있다는 얘기일 수도 있다.

굳이 비교를 하고 싶다면 다른 사람이 아닌 본인을 언급하는 것이 현명한 방법이다.

예를 들어보자. 담배를 좀처럼 끊지 못하는 애인에게 여자친구가 물었다.

"담배를 끊겠다고 한 약속은 언제쯤 실행할 거야?"

"미안, 미안. 그게 잘되지가 않네. 하지만 올해 안에는 꼭 끊을게."

이렇게 말하며 남자는 서서히 양을 줄였다. 그런데 다음 해에도 담배를 완전히 끊지는 못했다. 그녀는 뭐라고 했을까?

"하루에 스무 개비나 피우던 당신이 요즘은 서너 개비로 줄였네."

"응, 이제 얼마 안 남았어."

"이전에 비하면 엄청나게 줄인 거야. 이제 고지가 얼마 안 남았어."

이렇게 과거의 본인을 비교 대상으로 삼는 것이 효과적이다.

반론에 능숙하면
존재감이 커진다

반론을 두려워하는 심리

무슨 말이든 '예, 예' 하고 대답하는 여자는 고분고분하다고 환영받는다. 사람들을 제 맘대로 움직이고 싶어하는 이들에게 이런 여자는 더욱 환영받는다.

그러나 지나치게 순종만 하는 사람은 뭔가 부족한 느낌을 준다. 사람들은 그가 가끔은 반론을 해주었으면 하고 바란다. 막상 반론을 하면 불쾌해하거나 화를 내면서도 말이다.

이런 것을 잘 알기 때문에 "어차피 말을 해도 들어주지 않을 텐데" 하고 아예 시도도 하지 않는 사람이 적지 않다. 그러나 결국 순종적인 이들에게 돌아가는 것은 아무것도 없다. 오히려 아무 말도

하지 않고 있으면 좋지 않은 편견만 생기기 쉽다. 이를테면 다음과
같은 것들이다.

- 수동적이라는 딱지가 붙는다.
- 무슨 생각을 하고 있는지 모르겠다며 주위에서 경계한다.
- 자신의 생각이나 위치가 애매해져서, 때로는 생각 없는 사람으로 오해받을 수 있다.
- 미움은 받지 않지만, 쉽게 보일 수 있다.
- 매력 없는 사람이 된다.

나는 이 책을 읽는 독자들만큼은 말을 '하지 않는' 사람이 아니라,
의견이나 반론을 확실하게 '하는' 타입이길 바란다. 자신의 생각이나
요구가 분명하고 이를 상대에게 떳떳하게 어필하는 여자가 멋지다.

회사 간부로 있는 나의 지인은 "프로 비즈니스맨은 반론을 기분
나쁘지 않게, 그리고 교묘하게 할 줄 안다"라고 말했다.

반론은 시비 거는 것과는 다르다. 싸우거나 불평을 하는 것은 하
수의 반론법이다. 기분 좋게 반론할 줄 아는 것이 고수의 숨겨진 비
법이다.

이를 위해서는 각자 나름의 연구가 필요하다. 머리를 쓰지 않으면

안 된다. 물론 이것이 잘 먹혀들지 않을 수도 있다. 그러나 이 같은 경험을 통해 더 성숙해질 것이다.

'상대를 화나게 하지 않으면서 반론을 제기하는 기술.'

이것만 익히게 된다면 살아가는 데 더할 나위 없이 소중한 무기가 될 것이다.

내 말에 귀 기울이게 만들려면?

상사나 선배들은 반론을 싫어한다. 자신의 발언에 트집을 잡는 것이 아닐까 경계하기 때문이다. '네가 뭘 알아?' 하는 생각을 하면서도 마음 한편으로는 반론을 하지 않을까 잔뜩 긴장하고 있다. 그런 상황에서 갑자기 다음과 같은 말을 들으면 어떻게 될까?

"지금까지의 방식이 잘못되었다고 생각합니다."

"저는 과장님의 제안에 반대입니다."

"지금의 인원으로는 무리입니다. 불가능합니다."

상사는 분명 경계심만 더욱 커진다. 이미 앞에서 말했듯 반론의 목적은 상대를 골탕 먹이기 위함이 아니다. 상대의 의견에 동의할 수 없음을 전하고, 그와 다른 자신의 생각을 알리기 위함이다.

먼저 상대로 하여금 이야기를 들어보자는 마음이 들도록 유도해야 한다. 그런 의미에서 강한 어조나 갑작스러운 부정적 표현은 역

효과를 낼 뿐이다.

사람의 마음은 경계심과 친근함 사이에서 흔들린다. 반론은 말하는 쪽도 긴장하지만 듣는 쪽도 잔뜩 경계하도록 만든다. 효과적으로 반론을 하기 위해서는 경계심으로 기울어진 마음을 친근함으로 돌려놓아야 한다.

이때 도움이 되는 것이 반론의 강도를 누그러뜨리는 '매직 문구'다.

★ 반론을 할 때는 '매직 문구'로 시작하자! ★

- 말대꾸를 하는 것 같아 조심스럽습니다만······.

- 철없는 소리인 것 같습니다만······.

- 죄송합니다. 한마디 말씀드려도 될까요?

- 두근거려서 말을 제대로 할 수 있을지 모르겠네요.

- 제가 뭘 아느냐고 지적을 당할 것 같아 조심스럽습니다만.

- 대단히 죄송합니다만, 제 의견도 한번 들어주시겠습니까?

- 틀릴 수도 있지만, 저는 이렇게 생각합니다.

최대한 밝고 명랑하게!

모두 상대를 높이고 자신을 낮추는 표현이다. 이를 밝게, 그리고 환한 표정, 자연스러운 말투로 하면 상대도 경계심을 풀고 마음을 열게 된다. 평소 이를 잘 익혀서, 반론을 하기 전에 자연스럽게 입에서 나올 수 있도록 하자.

순서대로, 하나씩

반론을 할 때 생각나는 대로 말이 튀어나오면 자칫 불만, 불복의 인상을 준다. 보다 좋은 해결책을 제시한다는 느낌을 주려면 다음의 순서를 지키는 것이 좋다.

① '매직 문구'로 시작한다.
② 반론을 펼치고, 그 이유와 근거를 설명한다.
③ 반론에 대한 상대의 반응을 살핀다.
④ 반론만이 아니라 해결책을 제시한다.
⑤ 상대로부터 질문, 재차 반론을 듣고 이에 대답한다.

이를 위해 반론의 내용을 정리하여 요점을 간단하게 말할 수 있도록 준비해두자. ③ 이후는 그 자리에서 즉각적으로 대응해야 하므로 이야기를 잘 듣고 진행하도록 한다.

사랑하는 사람과
자꾸 삐걱거릴 때

남녀 차이를 인정하는 것부터 시작

핵가족화로 맞벌이 부부가 늘어났다. 전업주부도 더 이상 집에만 머물러 있지 않고 지역사회 모임에서 다양한 활동을 하고 있다.

이렇게 열심히 외부 활동을 하고 돌아오면 그날 있었던 일을 남편에게 말하고 싶어진다. 핵가족화로 인해 대화 상대라고 해봐야 남편밖에 없다. 그런데 남편은 늦게 귀가하고, 가끔 일찍 들어와도 귀찮아하며 잘 들어주지 않는다. "얘기가 너무 길다", "이제 그만하지", "그러니까 무슨 말이 하고 싶은 거야?" 하는 식이다.

아내는 자신이 경험한 것을 얘기하고 싶어하고, 상대도 역시 마찬가지일 것이라 생각한다.

그러나 남편들은 그저 한두 마디 하고는 입을 다물어버린다. 귀찮은 것이다. 때문에 "남편이 내 얘기를 잘 들어주지 않는다", "대화가 없으니 너무 답답하다"는 등 아내의 불만이 쌓여간다.

가끔 이런 불만을 남편에게 토로하면 남편은 "내가 언제 그랬어?" "그럼, 이렇게 들어주는 것은 뭐냐?", "당신이 잘못된 거지" 하며 대충 얼버무리려고 한다. 아내는 단지 들어주기만 해도 좋아할 텐데 남편들은 도통 아내의 마음을 몰라준다.

이런 말이 있다.

짜증나는 사람＝내가 꼭 하고 싶은 말이 있을 때 떠드는 사람

살짝 세상을 비꼬는 말을 모아놓은 《악마의 소사전》에 실려 있는 말이다.

물론 남자도 이야기하고 싶을 때가 있고, 누군가 자기 말을 들어주었으면 하고 바랄 때가 있다. 그럴 때 아내가 제대로 응해주지 않으면 역시 짜증이 난다.

● 청소를 시작한다.
● 산만하게 돌아다닌다.

● 갑자기 다른 이야기를 꺼낸다.

흔히 남편들을 화나게 만드는 아내들의 듣기 태도다.

아내는 청소하면서, 집 안을 돌아다니면서, 혹은 다른 이야기를 불쑥 꺼낼 때조차 자신이 상대방 이야기를 듣고 있다고 생각한다. 동시에 여러 가지 일을 할 수 있기 때문이다.

한편 남편은 아내의 그런 태도를 보고 무시당한다고 느낀다.

여자와 남자는 이렇게 커뮤니케이션 방법이 크게 다르다. 우선은 이 점을 머릿속에 잘 새겨두자.

부부도 원래는 전혀 다른 남남

부부는 원래 완전한 남남이 만나 한 가정을 이룬 것이다. 당연히 사고방식, 감정, 생활태도, 기호, 성격 등이 모두 다르다.

결혼 초기에는 이런 사실을 인식하지만 세월이 흘러가면서 점차 잊게 된다. 때문에 충돌이 생겼을 때 서로 원망하거나 대화가 어긋나기도 한다.

회사 일이 바쁘다는 핑계로 집안일을 모두 아내에게 맡겨버리는 남편, 그런 남편이 불만인 아내.

"당신은 집안일에 어떻게 그렇게 관심이 하나도 없어?"

"내가 뭘 어쨌다고? 당신이 시키는 일은 다 하잖아."

"뭘 해야 할지 정도는 이제 알잖아. 벌써 몇 번이나 말을 했는데."

"회사 일이 얼마나 바쁜지 당신도 잘 알잖아."

"항상 이런 식이라니깐. 같은 말을 반복하느라 나도 지쳤어."

대화 속에 서로에 대한 원망이 가득하다. "당신이 나쁘다", "당신은 손 하나 까딱하지 않는다"며 상대를 탓하다 보면 문제는 점점 커질 뿐이다.

- 회사 일이 바쁘니 집안일은 모두 아내가 책임져줬으면 좋겠다.
- 집안일을 돕는 것은 당연한 일이니 꼭 말하지 않아도 알아서 해주었으면 좋겠다.

이 같은 입장의 차이는 성장 과정이나 생활습관, 사고방식 등에서 빚어지는 것이다. 갈등 해소의 실마리는 이를 서로 이해하고 인정하는 것이다.

일상의 대화를 중요시하라

항상 일에 쫓긴다. 파김치가 되어 집에 돌아온다. 말을 하는 것조차 힘들다……. 이런 상태가 지속되면 결국 대화는 단절되고 만다.

두 사람의 관계는 대화를 통해 더 깊어진다. 두 사람이 함께 '있는 것'만이 아니라, 서로 '대화를 나눌' 때 비로소 의미가 있다.

침묵은 자기 내면으로 들어가고자 하는 행동이다. 부부 간의 갈등은 서로의 차이에서 기인하는 것이 아니라 어떤 식으로 그 차이에 대처해 나가는가에서 비롯된다. 대화가 원활하게 이루어지지 않으면, 두 사람의 차이가 있다는 얘기이므로 이를 먼저 알아보도록 하자.

반발을 부르는
강압적인 말투

모두가 싫어하는 강압적인 말투

유치한 줄 알면서도 이상하게 반발심이 생기는 때가 있다.

저녁 식탁 위에 야채가 올라와 있다.

"오늘 아침 텃밭에서 따온 채소예요. 무농약에다 신선하고 정말 맛있어요. 몸에 좋은 것이니 남기지 말고 다 먹어요" 하고 아내가 말한다.

그런데 남편은 이 많은 야채를 어떻게 다 먹나 싶어 반발심이 생긴다. 그렇다면 다음과 같은 경우는 어떨까?

"이거는 뭐지?"

"오늘 아침 텃밭에서 따온 거예요."

"그래? 시금치 같은데."

"맞아요. 시금치예요. 먹어볼래요?"

"당신이 키운 시금치네."

"그래요. 무농약이라 몸에도 좋아요."

남편이 한 입 먹어본다.

"음, 괜찮은데."

앞의 대화에서처럼 "자, 다 먹어요"와 같은 강압적인 분위기가 느껴지지 않는다. 덕분에 입맛도 돌고 밥상머리에서 대화할 거리도 생긴다.

정신분석학의 창시자 지그문트 프로이트는 금지하면 더 하고 싶어지는 게 인간의 심리라고 말했다. '하지 말라'는 말을 듣거나 '이렇게 하라'고 강요받으면 오히려 반발심이 생겨 일부러 거스르게 된다.

그럼에도 왜 금지하거나 강요하고 싶어질까.

상대를 자기 마음대로 움직이고 싶어하는, 타인 지배의 욕구 때문이다. 지배욕은 남녀 모두에게 있는 것으로, 윗자리로 올라갈수록 대개 이 욕구에 사로잡힌다.

여자들은 사명감까지 더해져 '강요', '공연한 참견'이 마치 자신의 역할인 양 오해하기도 한다. 순종적인 부하직원이나 후배를 예뻐하는 것도 지배욕과 사명감이 내재하고 있기 때문이다.

그러나 인간은 지배당하거나 강요받기를 싫어한다.

"이렇게 하는 것이 좋다", "당연히 이렇게 해야지" 하는 말을 들으면 구속감이 느껴지기 때문이다. 자신이 할 일은 스스로 결정하고 싶어한다. 상대의 강요 때문에 억지로 하거나 간섭을 받고 싶어하지 않는 것이다. 그렇지 않으면 반발심이 생긴다.

일단 반발을 하면 상대와의 사이에 다툼이 생긴다. 이를 피하기 위해 순종을 가장하는 사람도 있다. 그러나 아무리 순종적인 듯 보여도 진심에서 우러나오는 것이 아님을 항상 명심할 필요가 있다.

설령 호의라도 '강요'는 불쾌하다

자신이 좋다고 생각하면 가만히 있지를 못하고 상대에게 권하는 사람이 있다. 그러나 이 친절이 도를 지나치면 자칫 강요나 지나친 간섭이 되어 눈살을 찌푸리게 한다.

상대가 싫어하고 반발하는데도 불구하고 눈치 없이 "이거는 꼭 하는 게 좋아", "반드시 그렇게 해야 해" 하는 식이 되면 결국 사람들은 그를 피하려고 한다. 이런 타입은 나이 든 여성뿐만이 아니라 젊은 여성 중에서도 적잖이 눈에 띈다. 특히 착실하면서 남에게 관심이 많을수록 그런 경향이 강하다. 이렇게 좋은 것을 상대방에게도 알려줘야겠다는 생각에 사로잡히는 것이다. 후배들에게도 이런 식이다.

"자료를 이렇게 관리하면 편해. 한번 해봐. 아마 절대적으로 하는 게 좋을걸."

상대를 위해서라고 하지만 '절대적' 운운 하며 반강제적인 뉘앙스를 띠면 상대를 속박하는 것이 된다. 아무리 좋은 것이라도 선택은 상대의 몫으로 남겨두는 것이 좋다. 만약 상대도 공감하면 자발적으로 나설 것이다.

공연한 참견을 하면서 말끝마다 '당신을 생각해서'라고 말하는 사람도 있다.

"어디까지나 당신 건강을 생각해서 하는 말이야."

이런 말도 사실은 자신의 욕심에서 나온 것이다. 상대방의 건강이 아니라 '자기 자신'을 위하는 측면이 더 크다.

남편에게 "일찍 오세요"라는 말은 실은 '당신 몸을 위해서'라기보다 '내가 그렇게 하길 바라니까'라는 의도가 더 큰 것이 아닐까? 그렇다면 마치 상대를 생각해주는 듯한 말투보다는 "오늘은 좀 빨리 들어왔으면 좋겠어요. 당신하고 이야기할 시간 좀 갖게요" 하는 편이 훨씬 솔직하고, 상대의 마음에도 더 와닿는다.

상대를 속박할 수는 없다.

그러나 자발적으로 그렇게 하도록 만들 수는 있다.

4장

어떤 상황에서도
호감을 주는 외모의 기술

● 마음을 사로잡는 미소, 시선, 자세, 걷기

빈말은 속 보이는
얄팍한 전술

외모에 그 사람의 정보가 다 들어 있다

사람은 눈으로 보이는 정보에 강하게 영향을 받는다. 즉 언어 이외의 요소(비언어적 표현)에 직접적으로 반응한다. 뿐만 아니라 '느낌이 좋다/나쁘다', '착실하다/부실하다', '친근하다/거만하다' 등 여러 가지 정보가 한눈에 들어온다.

뇌에 전달되는 속도는 말보다 훨씬 빠르다. 첫 대면이고 말도 몇마디 나누지 않았지만 '한눈에 반하거나', '기분 나쁜 인상'을 받아거부하기도 한다. 스스로도 놀랄 정도의 짧은 순간이다. 성급한 결론인 만큼 오류도 있지만, 대개는 시간이 지나도 처음의 느낌은 크게 달라지지 않는다.

'외모'에 그 사람이 다 나타나기 때문이다.

흔히 "사람을 외모로 판단해서는 안 된다"고 말한다. 대화를 해보지 않으면 그 사람의 진실을 알 수 없다고도 한다.

그러나 이는 잘못된 것이다. 생각해보라. 누군가의 진정한 모습은 아무리 대화를 나누어도 알 길이 없다. 아무리 사이가 좋은 남녀라도 서로의 모든 것을 알 수 없다. 오히려 미지의 부분이 있기 때문에 서로에게 끌리는 것이다.

또한 눈으로 그 사람을 파악하지 못하는 것은 이를 판단하는 '눈'이 없기 때문이라고도 할 수 있다. 굳이 말로 하지 않더라도 눈에 비치는 외형은 그 사람 자신을 보여주며, 또한 표현하고 있는 것이다.

사람은 마음만 먹으면 거짓말을 할 수 있다. 마음이 없어도 얼마든지 술술 나오는 것이 말이다.

수십 번 '사랑한다'고 속삭여도 막상 헤어질 때는 뒤도 돌아보지 않고 휭 가버릴 수 있다. 입에 발린 말보다 뒤를 돌아보았을 때 여전히 그 자리에 서서 손을 흔들어주는 모습에서 오히려 더 진심을 느끼지 않을까.

나의 인상은 어떻게 비칠까?

몇 사람이 식당에서 저녁 모임을 가졌다. 종업원이 오자 제각기 메뉴를 주문하고, 화기애애한 대화가 이어졌다. 중간에 종업원이 주문 때문에 몇 번 들락거렸다. 그런데 자리에 있던 한 여성이 이렇게 말하는 것이다.

"이상하게도 종업원들이 주문을 받을 때면 내 쪽으로 와요. 내가 대표 역할을 하는 것도 아닌데 말이에요. 어느 가게를 가나 마찬가지예요."

이 말에 나는 새삼 그녀의 모습을 유심히 보았고 곧 그 이유를 납득하게 되었다.

그녀는 우선 말을 할 때 상대의 눈을 똑바로 바라본다. 말을 하기 전에는 따뜻한 미소로 상대를 맞이한다. 또한 말소리가 또렷하다. 즉 외양적으로 일단 상대를 사로잡는 것이다. 처음에 좋은 인상을 주었기 때문에 종업원은 자연스럽게 그녀 쪽으로 가곤 했던 것이다.

"그것은 당신이 좋은 느낌을 주었기 때문이에요."

"그래요? 저는 잘 모르겠는데요."

사람은 자신의 모습을 볼 수 없기 때문에 스스로에 대해 알지 못하는 부분이 많다. 거울이나 상대의 반응을 통해 대강 짐작할 뿐이다.

한편 다른 말이지만, 타인에게 어떻게 보일지를 의식함으로써 여성은 한층 더 아름다워진다. 그렇다고 화장을 짙게 하거나 명품으로 치장하라는 얘기가 아니다. 상대에게 어떤 마음을 가지고 있는지가 외양에 자연스럽게 드러나므로 무엇보다 마음가짐이 가장 중요하다. 마음을 표현할 때 필요한 비언어 표현의 방법을 익혀두도록 하자.

'미소'는
최고의 메이크업

미소보다 더 훌륭한 화장은 없다

요즘엔 화장 기술이 발달하여 여자들이 모두 예뻐졌다. 그러나 유감스럽게도 거의 비슷비슷한 느낌을 준다. 개성이 없는 '평균 미인'이 많아진 탓이다.

그러나 모처럼 정성 들여 화장을 했어도 표정이 어둡거나 침울하거나 아예 표정이 없다면 그 아름다움은 전혀 빛을 발하지 못한다. 화장도 중요하지만, 미소는 더욱 중요하다.

30대 중반의 여성이 내게 이런 말을 하였다.

"나는 미소로 맞아주지 않는 가게에는 들어가지 않아요. 왠지 손해를 보는 느낌이 들거든요."

미소가 없으면 자신만이 아니라 상대에게까지 손해를 미친다.

미소가 가진 엄청난 파워

한 지인이 이런 말을 했다.

"여자의 미소에 특별한 힘이 있다고 생각하는 남자들이 아마 적지 않을 겁니다. 그 미소에 대개 넘어가죠. 그리고 거기서 위안을 받습니다."

미소는 사람의 마음을 부드럽게 풀어준다. 때로는 '힘내!'라는 말보다 더 큰 효과를 발휘한다.

NHK의 한 TV프로그램에서 미소의 효과에 대해 실험한 적이 있다.

먼저 남녀가 짝을 이룬 몇 커플에게 취미나 관심사 등에 관해 자유롭게 대화하도록 했다. 남녀 커플은 처음 만나는 사이였고, 모두 사교성이 뛰어나고 주변에서 말을 잘한다고 인정받는 이들이었다.

처음에 나온 커플은 대화가 매끄럽게 진행되지 않았다. 여성이 몇 번이나 '지루함'을 알리는 부저를 울리기도 했다. 그런데 두 번째 커플은 분위기가 화기애애했다. 부저는 한 번도 울리지 않았다.

그 이유는 무엇일까? 바로 미소였다. 첫 팀의 여성은 미소를 전혀 짓지 않고 무표정한 얼굴로 대화를 했지만, 두 번째 여성은 얼굴 가득 미소를 띠고 대화에 참가했다.

대화가 화기애애하게 이어지고 분위기가 좋았던 것은 바로 미소의 효과였다.

두 번째 실험은 면접장이었다. 수험자들은 다들 긴장하게 마련이다. 면접자는 일부러 경직되고 딱딱한 표정으로 질문을 던졌다. 그러자 수험자는 더욱 긴장하여 제 실력을 발휘하지 못했다.

반면 다른 한편에서는 면접자가 부드러운 표정으로 질문을 던지고 그에 대한 답변을 성의 있게 경청했다. 그 결과 점점 긴장을 풀고 면접에 임했으며 한쪽이 미소를 보이자, 다른 쪽도 미소를 띠었다.

실험을 통해 나의 딱딱한 표정이 상대에게도 전달된다는 것을 알수 있다.

미소를 보내는 타이밍

지인 중에 미소가 아름다운 여성이 있다. 항상 웃고 있는 것처럼 보여서, 당사자에게 그런 말을 하자 본인은 그렇지는 않다고 한다.

"저는 누군가와 말을 하기 직전에 상대의 눈을 보면서 미소를 짓죠. 평소에 항상 미소를 짓고 있으면 별 의미가 없잖아요. 그 사람을 보고 미소를 지으면 상대도 같이 미소를 보여주죠."

상대의 시선을 마주치면서 말하기 직전에 보여주는 미소는 오롯이 그를 위한 것이다. 반면 내내 보여주는 미소는 다분히 의도적인 비즈니스용으로 보이기 쉽다. 이 차이를 의식하면서 그녀는 얼굴 표정에 변화를 주었던 것이다.

웃는 얼굴을 만든다

매 순간마다 최고의 미소를 짓고 싶지만 상황의 영향을 받지 않을 수 없다. 피로가 누적되거나 불안한 상태라면 자기도 모르게 표정이 어둡거나 굳어진다. 이럴 때 어떻게 해야 할까? 일부러 웃는 얼굴을 만들 필요도 있다.

한 젊은 엄마의 이야기다. 회사에서 바쁜 업무에 시달리다 보니 집에 들어와서도 엄마를 반기며 달려오는 아이들에게 굳은 표정으로 대하게 되더란다. 그래서 현관 오른쪽에 커다란 거울을 두고 먼저 거울을 향해 살짝 미소 짓는 연습을 했다. 그러고 나서 아이들의 이름을 불렀다.

이처럼 때로는 무리를 해서라도 미소를 연출해야 하는 경우가 있다. 매일 아침 거울 앞에서 화장을 하면서 가장 마음에 드는 미소를 지어보자. 그 모습을 머릿속에 기억해두었다가 필요할 때마다 미소를 연출하는 것이다.

미소가 아름다운 사람이 되기 위해서는 약간의 연습과 노력이 필요하다.

시선 처리에도
연구가 필요하다

'부드러운 사람'은 '부드러운 눈빛'을 가졌다

'부드러운 남자'는 '부드러운 눈빛'을 가지고 있다고 한다. 이것은 비단 남자만이 아니라 여자도 마찬가지다. 얼굴은 미인인데, 눈빛이 불안한 여성이 있다. 상대의 눈치를 계속 살피고, 시선이 불안하거나, 불안정해 보인다. 이런 여성 앞에서는 말하는 사람까지 불안해져서 이야기를 제대로 이어나가기가 힘들다.

반대로 얼굴은 평범하지만 눈빛이 부드러운 여성이 있다.

"그녀와 함께 있으면 마음이 편안해져요."

사람들마다 이구동성으로 이렇게 말한다.

눈은 바로 그 사람의 마음을 표현하는 창이다.

눈은 강력한 무기가 될 수 있다

흔히 "말할 때는 상대의 눈을 보라"고 한다.

여기에는 두 가지 의미가 있다. 하나는 상대에게 편안함을 주기 위해서다. 말을 할 때 시선을 아래로 향하는 사람은 자신감이 없어 보이고, 믿음이 가지 않는다. 상대방은 '왜 똑바로 눈을 마주치지 못하지?' 하고 생각한다. 만약 새로운 사람을 소개받는 자리라면 상대는 무시당하는 느낌을 받을 수 있다.

물론 시선을 마주친다고 해서 처음부터 끝까지 계속 쳐다볼 필요는 없다. 다만 이야기를 시작할 때는 반드시 눈을 마주치는 것이 좋다. 말을 하는 쪽이나 듣는 쪽이나 처음 순간에 눈을 마주치지 못하면 이후의 커뮤니케이션이 계속 껄끄러워진다.

대화가 시작되면 간간이 시선을 마주치면 된다. 반응을 확인할 때, 화제를 바꿀 때는 상대방의 눈을 쳐다본다.

여자가 남자보다 상대의 눈을 오래 쳐다보는 습관이 있다고 한다. 간혹 여자가 쳐다보면 '혹시 나에게 마음이 있는 게 아닐까' 하고 오해하는 남자도 있으므로 이 점에는 주의하자.

심리 변화를 읽어라

눈을 보고 이야기하는 것의 두 번째 의미는 상대를 알기 위해, 그리고 그의 마음을 읽기 위해서다. 눈은 입만큼 많은 것을 말하기 때문에 눈동자 움직임을 따라감으로써 상대의 심리를 파악할 수 있다.

특히 남자들은 뭔가 감출 일이 있거나 거짓말을 할 때면 시선을 피한다. 관찰과 직감이 예민한 여자라면 남자의 거짓말을 쉽게 읽어낼 수 있다. 눈을 깜박이는 횟수가 많아지는 것도 마음의 동요를 나타낸다. 상대의 눈을 제대로 보기만 해도 이 같은 심리를 읽어낼 수 있다.

아이 콘택트의 요령

아이 콘택트(eye contact)란 상대와 시선을 마주치는 것을 말한다. 여러 사람들을 상대로 이야기할 때 눈 맞춤이 무척 중요하다. 그러나 많은 사람들이 시선 처리에 익숙하지 못하다.

요즘엔 남녀를 불문하고 프레젠테이션을 할 기회가 많아졌다. 이때 눈을 제대로 맞추었는지가 프레젠테이션의 성패에 큰 영향을 미친다. 그 성공 요령을 알아보자.

❶ 말을 시작하기 전에 전체를 본다

이렇게 하면 사람의 눈을 똑바로 보지 못하고 시선이 자꾸만 아래로 향하는 것을 막을 수 있다. 처음부터 시선이 밑으로 가면 나약한 인상을 줄 뿐만 아니라, 이후에도 시선 처리하는 것이 어색하다. 용기를 내어 전체를 향해 시선을 주고 나면 개별적으로 눈을 맞추는 것이 훨씬 수월해진다.

❷ 편안한 사람과 먼저 시선을 맞춘다

미소를 짓는 사람, 인상이 좋은 사람, 고개를 끄덕이는 사람 등 처음에는 비교적 편안한 상대를 골라 시선을 교환하는 것이 좋다. 특히 사람들 앞에서 연설하는 것에 익숙하지 않은 초보자들에게는 그들이 큰 힘이 된다.

❸ 아이 콘택트의 범위를 넓혀간다

편안한 사람과 눈을 맞춘 다음에는 그를 중심으로 서서히 시선을 넓혀가면서 전체적으로 시선을 배분할 수 있도록 한다.

❹ 표정이 딱딱한 사람, 시선을 아래로 향하고 있는 사람에게도 점차 눈길을 준다

❺ 눈이 마주치면 1~2초 정지한다

시선을 멈추지 않고 너무 빨리 지나치면 상대의 마음이나 변화를 읽을 수가 없다.

자세가 좋은 사람은
더 신뢰가 간다

서서 이야기할 때의 자세

누구나 훌륭한 외모와 스타일을 원한다. 노력해서 나아질 수 있는 것이 아니라고 포기하는 사람도 있지만 외모나 스타일을 표정이나 자세의 한 부분으로 파악한다면 노력 여하에 따라 얼마든지 개선할 수 있다. 자세란 몸가짐, 모양을 말한다.

나는 키가 작다. 거울에 비친 모습이나 사진 속 모습을 보면서 "딱 10센티미터만 더 컸으면" 하고 한숨을 쉴 때가 있지만, 다행히도 보통은 내 모습을 볼 수 없기에 그리 신경 쓰지 않는다. 그런데 어느 날 강연이 끝난 뒤에 가진 모임에서 한 수강자로부터 "선생님은 사람들 앞에 서 있을 때는 정말 커 보이는 것 같아요" 하는 말을 들었다.

그 말을 듣고 역시 노력하기에 따라 키가 실제보다 더 커 보일 수 있다는 것을 새삼 깨달았다. 나는 사람들 앞에 서면 다음 네 가지 사항을 의식하면서 행동한다.

- 양팔을 크게 벌린다.
- 양 겨드랑이를 약간 벌린다.
- 좌우를 볼 때는 몸 전체를 돌려서 본다.
- 등을 쭉 펴고 선다.

이 때문에 청중들은 내 모습을 실제보다 훨씬 크게 보는 것이다. 그리고 연설할 때 자신 있게 임하면 한층 여유 있어 보인다.

서서 이야기할 때, 회의에서 발표할 때, 사람들 앞에서 연설할 때 취해야 할 자세는 다음과 같다.

- 등: 몸을 쭉 펴고 등을 곧게 한다. "그 사람은 자세가 좋아"라고 하면 대개 등을 곧게 편 모습을 말한다.
- 눈: 시선이 얼마나 안정되어 있는지가 중요하다. 시선이 여기저기 움직이거나 아래를 쳐다보면 불안해 보이고, 상대를 피

하는 것을 의미한다.

- **손**: 가볍게 옆으로 내린다. 손은 마음을 표현한다. 긴장하면 손에 힘이 들어가서, 그로 인해 몸 전체가 경직된다.
- **발**: 양발에 똑같이 체중을 싣고 선다. 45도 정도 다리를 벌리고 몸을 편안하게 한다. 한쪽 발에 중심이 실리면 몸이 삐딱하게 되므로 자세가 흐트러진다.
- **옷**: 청중이나 연설 주제, 장소 등에 어울리는 옷차림이 좋다. 단정하지 못한 인상을 주지 않도록 주의하자. 사람들 앞에 나서기 전에 반드시 체크한다.

'등 – 눈 – 손 – 발 – 옷'의 순서로 기억해두면 편리하다. 사람들 앞에 서면 누구나 긴장을 해서 힘이 들어간다. 특히 손과 발에는 그 사람의 마음 상태가 즉각 나타난다. 자연스러운 자세로 서서 살짝 아랫배에 힘을 주도록 하자. 편안하고 아름다운 자세가 된다.

앉아서 이야기할 때의 자세

앉아서 이야기할 때 가장 거슬리는 것이 다리를 덜덜 떠는 행동이다. 정신없이 무릎을 계속 움직이면서 말을 하는 사람은 안절부절못하는 인상을 주므로 절대 피해야 한다. 자기도 모르게 이런 버

룻이 나온다면 친한 사람들에게 그럴 때마다 지적해달라고 부탁한다.

손을 가만히 두지 못하는 사람도 많다.

- ◉ 볼펜을 빙글빙글 돌리는 버릇
- ◉ 머리카락 끝을 만지작거리는 버릇이 대표적이다.

대개 이야기를 들을 때 이런 습관이 나오는데, 말을 하는 사람이 보기에는 무척 눈에 거슬리는 행동이다. 특히 여자들 중에는 머리카락을 만지작거리는 이가 적지 않은데, 호감을 떨어뜨리는 행동이므로 주의하자.

말을 할 때 손가락으로 상대를 가리키는 동작도 주의하자. 이야기에 몰입하다 보면 자신도 모르게 이런 행동이 튀어나올 수 있다. 누군가를 가리키려면 손가락을 가지런히 붙여서 상대 쪽을 향하는 것이 공손한 느낌을 준다. 손가락으로 지적을 당하면 상대는 자칫 공격적으로 느끼게 된다.

다리를 꼬는 행동은 어떨까? 서구에서는 특별히 거부감을 주지 않지만 아시아 문화권에서는 자칫 거만하게 비칠 수 있다. 특히 어른들 앞이라면 피하는 것이 좋다.

그 외에도 직장에서 상사와 언성이 높아졌을 때 무심코 팔짱을 끼지 않도록 조심해야 한다. 팔짱을 끼는 자세는 상대의 말을 거부한다는 무언의 표현으로 매우 도전적인 느낌을 준다. 특히 성격이 불같은 상사라면 이런 행동을 용납하지 않을 것이다.

어떤 자세를 취하느냐에 따라 인상이 크게 달라진다. 얼굴이 아무리 예뻐도 구부정하고 어깨가 축 처진 여성이 아름답게 느껴지지 않는 것은 그 때문이다.

걸음걸이에 따라
인상이 180도 달라진다

걸음걸이는 몸의 표정이다

그녀는 약속 장소에서 기다리고 있는 애인을 발견하면 항상 잰걸음으로 걸어와 "기다렸지?" 하고 반갑게 말을 건다. 남자는 그녀를 생각할 때마다 가장 먼저 그 모습이 떠오른다고 한다.

"원래 무척 강단 있는 여자예요. 그런데도 나를 향해 잰걸음으로 걸어오는 모습을 보면 왠지 보호해주어야 할 것 같아서 반하지 않을 수 없죠."

하도 자랑을 하기에 나는 그만 심술이 나서 "그 모습에 분명 자네가 속는 거야"라며 농담을 했지만, 그는 전혀 흔들리지 않았다.

그녀를 본 적은 없지만, 반갑게 애인을 향해 걸어오는 모습이 눈에 그려지는 듯하다.

걸음걸이에는 그 사람의 마음 상태가 담겨 있다. 사람들은 발걸음 소리만 들어도 누구인지 짐작하기도 한다.

어릴 적 일을 나간 어머니가 늦게 들어오는 날이면 나와 여동생은 정적이 흐르는 방 안에서 오직 어머니가 돌아오시기만을 기다렸다.

그러다 멀리서 발걸음 소리가 들리면 둘이 귀를 쫑긋 세웠다. 그러다 그 발소리가 멀어지면 잔뜩 실망한 채 서로의 얼굴을 바라보았다. 이윽고 다시 발자국 소리가 들리면 한 걸음 한 걸음 다가오는 소리를 하나도 놓치지 않았다.

'아, 엄마다!'

나와 여동생은 얼굴을 마주 보면서도 혹시 틀리면 실망이 클까 봐 입 밖에 내지는 않았다. 조용히 참고 있는데, 현관문이 활짝 열리면 우리는 동시에 "엄마다!" 하고 소리치며 좋아했다.

그 순간의 기쁨도, 그 익숙한 발자국 소리도 이미 오래전 일이지만 지금까지도 잊혀지지 않는다.

자신의 걸음걸이를 한 번 돌아보자

사람들은 보통 자신의 걸음걸이를 의식하지 않는다. 이처럼 의식하지 않고 매일 걸어다니는 것은 누구나 '걷기'를 할 수 있기 때문이다.

그러나 사실 자유롭게 걸을 수 있다는 것은 매우 행복한 일이다. 나는 통풍을 앓아왔는데, 엄청난 통증이 사라지고 난 뒤 간신히 걸을 수 있게 되면 걷는 것의 고마움을 새삼 느끼곤 했다. 이후 한동안은 한 걸음 한 걸음을 의식하면서 걸었고, 다른 사람의 걸음걸이도 흥미롭게 관찰했다. 그 결과 다양한 타입의 걸음걸이가 있다는 것을 발견했다.

한번은 젊은 여성이 에스컬레이터 계단을 뛰듯이 내려가는 것을 보았다. 힐 소리가 멀리까지 울리고 걸음걸이가 거칠었다. 그 모습을 보고 한 중년 남성이 "위험해요, 아가씨!" 하고 소리칠 정도였다.

걸음걸이를 보면 그 사람의 마음 상태를 알 수 있다.

긴장을 하면 발걸음이 빨라지거나 다리가 풀리기도 한다. 그럴 때일수록 의식적으로 천천히 걸어보자. 점차 마음이 가라앉는다.

나는 많은 사람 앞에서 발표를 할 때 중앙의 연단까지 일부러 천천히 걷는다. 서둘러 가려는 마음이 앞설 땐 '연단이 어디 가는 것도 아닌데' 하는 생각으로 마음을 진정시킨다.

걸음이 유독 빠른 사람이 있다. 자기 혼자서 휙 앞으로 가버린다. 한참 후 뒤를 돌아보고 나서야 이를 알아채고 빨리 오라고 성화를 부린다.

바쁘면 아무래도 마음이 급해진다. 병원에서는 간호사들이 급히 뛰어다니는 모습을 자주 볼 수 있다. 이처럼 시간을 다투는 상황이 아니라면 속도를 늦춰서 걷는 것이 보기에도 좋다. 동행인의 속도에 맞춰 보폭을 조정한다. 함께 걷기 좋은 사람이란 자연스럽게 나란히 걸어주는 사람일 것이다.

걸음걸이에도 그 사람의 인격이 나타난다. 걸음걸이 하나만 바뀌어도 상대에게 주는 인상이 180도 달라질 수 있다.

'전화 미인'은 적당한 거리감을 유지한다

전화 응대의 프로는?

이메일이나 문자 메시지는 상대의 얼굴도 보이지 않고 목소리도 들리지 않는 상태에서 이루어진다. 간단한 용건을 재빨리 전할 수 있기 때문에 요즘 대세를 이루고 있다. 그러나 이들 수단은 어디까지나 간단한 용건을 일방적으로 전하는 것일 뿐, 대단히 제한적인 수단이다.

게다가 최근에는 문자에 지나치게 의존하는 경향이 있다. 간혹 거래처 사람에게 연락을 부탁하면 "알겠습니다. 이메일을 보내드리겠습니다" 하는 답장이 많다.

"이메일이 아니라 전화로 부탁해요"라고 하면 "전화로요?" 하며 귀찮은 듯한 눈치다.

내가 "목소리를 듣는 것이 친밀감도 생기고 바로 대답도 들을 수 있잖아요" 하고 말하면 상대방은 "하지만 이메일은 기록으로 남잖아요" 하는 논리로 맞선다.

팽팽한 신경전을 무릅쓰고 내가 전화를 주장하는 것은 문자 일변도의 소통에 나름의 불만이 쌓였기 때문이다. 전화는 목소리라고 하는 멋진 요소가 있는 커뮤니케이션이다. 나는 개인적으로 사람들과 전화로 더 많은 이야기를 하길 원한다.

전화 횟수가 줄어드니 자연 전화 응대를 하는 노하우도 조금씩 사라지는 것 같다.

그중 하나가 자신은 의식하지 못하지만 전화상으로 유독 애교를 부리는 경우다. '네' 하고 짧게 말하면 될 것을 '네~에' 하고 콧소리를 섞어 길게 빼는 것이다. 자신이 순종적이라는 것과 호감도를 높이려는 의도가 무의식중에 작용하기 때문이다. 이는 결코 타인에게 좋은 인상을 주지 못하며 오히려 철없어 보이기도 한다.

전화 응대를 잘하기 위해서는 무엇보다 분위기를 편안하게 만드는 것이 중요하다.

전화 미인의 비결

예전에 근무했던 회사에 '전화 미인'이라 불리는 여성이 있었다.

그녀는 목소리가 부드러웠지만 그렇다고 애교를 부리는 것은 아니었다. 그녀는 전화를 받을 때 "네, ○○연구소입니다", "네, 항상 감사합니다" 하는 식으로 대답하는데 '네'라는 말을 경쾌하고 기분 좋게 넣는다. 자신이 전화를 걸었을 때든 받았을 때든 우선 '네'라는 말이 들어간다. 용건을 말한 뒤에는 열심히 듣는다. 이런 행동이 물 흐르듯 자연스럽다. 평범한 목소리지만 그 속에선 미소가 느껴진다.

"괜찮으시겠습니까?"

"잠깐 여쭤봐도 되겠습니까?"

"네, 잘 알겠습니다."

"그러면 그 선에서 부탁드립니다."

"감사합니다."

등의 말을 가볍게 한다. 대화가 매우 합리적이고, 예의 바르다.

합리적이라는 것은 두 가지 의미가 있다.

◉ 쓸데없는 말은 하지 않는다.

◉ 요점을 제대로 파악하고 있다.

때문에 전화 통화 시간이 짧고 외부 사람들로부터 좋은 평판을 듣는다.

"그녀와 전화로 말하다 보면 어느새 OK를 하고 만다"는 사람이 있는가 하면 "다소 말하기 껄끄러운 내용이었을 텐데 평소와 다름없이 차분한 목소리로 자연스럽게 꺼내서 부담 없이 들을 수 있었다"는 사람도 있었다.

전화 미인이 되는 비결을 정리하면 다음과 같다.

❶ 첫 목소리는 밝고 명랑하게

'네' 하고 시작하는 것도 좋고, '안녕하세요'라는 말도 좋다. 어쨌든 밝고 기분 좋게 응대하는 것이 중요하다. 때로 기분이 가라앉아 밝은 목소리가 나오지 않을 때는 전화기를 들면서 몸을 일으키는 등 동작의 탄력을 이용해서 전화를 받는 것도 좋은 방법이다.

❷ 애교를 부리거나 아첨하는 말투는 피한다

공적인 전화를 받으며 비위를 맞추려는 말투나 지나치게 귀여운 척하는 말투는 상대를 당황스럽게 한다. 너무 힘을 주지 말고 약간의 미소가 느껴지는 정도가 자연스럽다.

❸ 쓸데없는 잡담은 피하고 바로 본론으로 들어간다

특히 말하기 힘든 용건이 있을 때 이리저리 돌려서 말을 하다 보면 자칫 화제가 꼬이기 쉽다. 전화상으로는 상대가 보이지 않는 만큼 밝은 분위기를 유지하면서 본론으로 바로 들어가는 것이 상대도 쓸데없는 데 힘을 낭비하지 않아 좋다.

❹ 용건을 확인한다

전화는 음성을 통해 이야기가 진행되는 것이므로 상대방의 말을 다시 한 번 확인하는 것이 중요하다.

"견적서 두 통을 내일까지 보내주시겠습니까?"라는 상대방의 요청에 대해 "네, 알겠습니다"라고만 할 것이 아니라 "견적서 두 통 말입니까? 잘 알겠습니다. 내일 중으로 보내드리겠습니다" 하는 것이 확실하다.

피드백을 함으로써 상대도 안심하고, 나도 실수를 예방할 수 있다. 실제로 견적서를 요청했는데 청구서를 보내 신용을 잃은 예가 있었다.

❺ 천천히 인사를 한다

전화를 끊을 때는 "잘 부탁드리겠습니다", "정말 고맙습니다" 하고 천천히 정중하게 인사를 한다.

전화로도 전해지는
배려와 인격

상대의 생활 리듬까지 상상한다

사람마다 생활 리듬이 다르다. 하루, 1주일, 혹은 1개월로 이어지는 업무의 흐름도 있다.

보통은 상대편 업무의 흐름이나 생활 리듬을 생각하면서 전화를 걸지만, 전혀 아랑곳하지 않는 사람도 있다. 일에 쫓길 때나 외출하기 직전에 전화를 받으면 달갑지 않다. 상대가 눈에 보이지 않고, 서로 다른 공간에서 대화를 하는 것인 만큼 수화기를 들기 전에 상대의 상황을 그려보는 습관을 가져야 한다.

실제로 지인 중에 나의 스케줄을 죄다 알고 있는 듯이 자리에 앉아 있을 때, 그것도 일손을 잠시 놓고 있을 때 전화를 걸어오는 이가 있다.

"지금 전화 통화해도 괜찮으세요?"

말할 것도 없이 절묘한 타이밍이다. 지금까지 나와 만나면서 언제 내가 사무실에 있는지 무의식적으로 기억을 해둔 모양이다.

물론 "지금 전화 통화하기 괜찮습니까?"라는 말도 잊지 않는다.

수신자가 전화를 받을 수 있는 상황인지 물어보지도 않고 당연하다는 듯 용건을 꺼내는 것은 폭력이라고 할 수 있다.

스팸 전화에 대응하는 방법

회사에 있는 동안 업무와는 아무런 관계도 없는 스팸 전화가 적잖이 걸려온다. 개중에는 이름도 말하지 않고 "사장님 계십니까?" 하고 마치 친분이라도 있는 듯 말한다.

"무슨 용건입니까?"

"그냥 개인적인 용건이 있어서 그럽니다. 사장님을 연결시켜주시면 압니다."

이럴 때 별사람 다 보겠다는 듯 짜증이 나서 "사장님은 안 계십니다" 하고 뚝 끊어버리는 경우가 있다. 하지만 그래서는 안 된다. 어떻게 전화 응대를 하느냐에 따라 회사의 이미지가 좋을 수도 있고 나쁠 수도 있다. 즉 전화 응대는 '회사의 얼굴'인 셈이다.

자칫 잘못하면 '막돼먹은 회사'라는 인상을 줄 수 있다. 스팸 전화를 걸었음에도 오히려 화를 내기도 한다. 다소 짜증나는 상대이긴 하지만, 틈을 보이지 말고 정중하고 단호하게 끝낼 필요가 있다.

"대단히 죄송합니다만, 현재 외출 중입니다. 성함을 말씀해주시면 전해드리겠습니다."

이때 스팸 전화라면 "다시 걸겠습니다" 하고 끊어버릴 것이다.

집으로 걸려오는 스팸 전화도 골칫거리다. 휴일에 쉬고 있는데 전화벨이 울린다. 수화기를 들었더니 "오늘은 좋은 스킨케어점이 있어 안내를 해드리고자 합니다"라는 여성의 목소리가 들려온다.

스킨케어점이라는 말에 일순 당황하게 된다.

"고객님께서 틀림없이 좋아할 소식으로, 가격이 대단히 저렴합니다. 캠페인 기간 동안에만 50퍼센트 할인된 가격으로 제공해드리니 좋은 기회 놓치지 마십시오."

"요즘 바쁘거든요."

"네, 바쁜 분들에게 특히 좋습니다. 젊은 분들 사이에 특히 인기가 많습니다."

그냥 내버려두면 이야기가 점점 길어진다. 마음 약한 사람은 그 말에 이끌려 "어디인데요?" 하고 넘어가는 경우도 있다.

그러나 자신의 이름도 밝히지 않고 갑자기 뭔가를 권유하는 것 자체가 실례되는 일이다. 그러므로 마음을 단단히 먹고 분명히 말을 해주어야 한다.

"누구십니까?"

"저희는 인도 무용에서 응용을 한 새로운 개념의 스킨케어점입니다. 손님에게 꼭 어울리는 곳이지요."

이런 말에 "어떻게 그걸 알죠?" 하는 식으로 상대에게 더 설명할 빌미를 주어서는 안 된다.

"스킨케어는 다른 곳에서 이미 하고 있어요. 됐습니다. 그럼 이만 끊겠습니다" 하고 수화기를 내려놓아야 한다.

"모처럼 쉬는 휴일에 대단히 죄송합니다. 저는 ○○약품의 야마다라고 합니다. 잠시 시간 좀 내주시겠습니까?" 하고 정중하게 말을 하는 사람도 있다. 그렇다면 이쪽도 정중하게 거절을 해준다.

"지금 좀 복잡한 일이 있어서 전화 끊겠습니다."

어쨌든 말을 받아주지 말고 분명한 어조로 NO라고 말해야 한다.

5장

말버릇으로 당신의
90%를 알 수 있다

● 말하는 법을 바꾸면 일과 인생이 행복해진다

'별로'

_무관심 그 자체, 냉담한 반응

말투나 말버릇을 보면 그 사람을 알 수 있다. 그러므로 자신의 말투를 아는 것은 자기 자신을 아는 것과 다름없다. 여자들이 자주 쓰는 말을 통해 그 속에 숨은 심리 상태를 알 수 있다. 주위 사람이나 자기 자신에게 해당하는 것이 없는지 한번 살펴보자.

'별로'

질문을 하면 "별로!" 하고 냉담하게 반응하는 사람이 있다.

"저번 미팅 시간에 과장님이 말했던 거 말이야, 당신은 어떻게 생각해?"라는 동료의 물음에 "별로"라고 한마디 툭 던지는 것이다.

"바쁜 것 같군요" 하고 후배가 말을 걸어온다. 선배는 "별로"라고 대답한다. 분위기가 어색해진 후배는 "사실은 바쁘시잖아요?" 하는데 선배는 역시나 "별로……"라고 시큰둥하게 대답할 뿐이다.

상대가 친근함을 보이기 위해 다가왔음에도 전혀 무관심이다. '별로'라는 짧은 한마디로 싸늘하게 내쳐버린다.

본인은 그럴 마음이 없었다고 하더라도 상대는 충분히 그렇게 느낄 수밖에 없다.

"바쁘신 것 같아요."

"응, 조금 그러네. 도와주려고?"

"저요?"

"농담이야. 내가 할 거니까 안심해."

웃으면서 이런 대화가 오가면 후배들도 한층 친근하게 느끼게 된다.

'별로'라는 말에는 '아무 생각도 없어'라는 뜻이 담겨 있고, 더 깊이 들어가면 '나는 그런 것에 흥미가 없어. 나는 당신과는 다른 사람이야'라는 우월감이 작용하고 있다. 이런 메시지를 은연중에 전달하기 때문에 상대는 불쾌하게 느끼게 된다.

"당신 피곤해 보여"라는 남편의 말에 아내가 "별로"라고 대답하면 남편은 아내가 화가 났나 싶어 눈치를 살피게 된다. 어떤 남편은 "뭐야, 저 말투는……" 하며 분위기가 싸늘해지기도 한다.

피곤하거나 흥미 없는 일에 상대가 말을 걸어오면 무의식중에 '별로'라는 말을 차갑게 하기 쉽다. 말버릇이 되지 않도록 주의하자.

'아무거나 상관없어'

A와 B 어느 쪽이 좋은가 하고 물었을 때 상대방이 "아무거나 상관없어" 하고 툭 내뱉으면 더 말할 의욕이 생기지 않는다. "아무거나 상관없어"라는 말에 자칫 상처받을 수 있다는 사실을 명심하자.

'한심해'
_ 기대가 실망으로 바뀌었을 때

성실하고 일에 열의도 있으며 정직한 여성인데, 이상하게 주변 사람들에게 인기가 없는 경우가 있다.

이런 여성 중에는 상대에 대한 기대가 너무 높아서 뜻대로 되지 않았을 때 크게 실망하는 타입이 많다.

다른 사람에 대해 만족한다는 것은 쉬운 일이 아니다. 누구나 이상적인 사람을 찾지만, 실제 그런 사람이 있다 하더라도 현실에서는 외면당하기 쉽다. 오히려 완벽하다고 생각했던 여성에게서 사소한 결점을 발견하는 순간 친근감이 들기도 한다. 바로 이런 마음을 잘 기억해두자.

'한심하다'

"대화를 통해 서로를 이해할 수 있다"라는 말은 단지 이상에 지나지 않는다. 그런데 말을 하면 당연히 뭐든지 통할 거라고 믿는 사람이 있다. 그러다 결국 상대로부터 "그런 일방적인 말은 곤란해요"라는 말을 듣고 상처를 받는다.

직장에서도 이런 경우가 있다. 상사는 부하직원이 일을 잘할 수 있도록 항상 신경을 써주어야 한다. 그럼에도 부하직원에게 명령만 내리고 아무것도 해주지 않으면서 입버릇처럼 아랫사람을 탓하며 '한심하다'는 말만 되풀이한다.

남자들은 퇴근 후 술집에 모여 상사를 험담하거나 불만을 토로하며 스트레스를 푸는 일이 흔하다. 반면 여자들은 술을 마시기보다는 말로 불만을 해소하는 경향이 강하다.

그러나 모두들 '한심하다'며 상대를 욕하기 전에 생각을 바꾸어서 자신은 잘하고 있는지 한번 돌아보자. 먼저 일을 완수해놓은 다음 상대를 평가하는 것은 어떨까?

"제가 부탁했던 건도 빠른 시간 내에 되겠죠?"

이렇게까지 말을 했는데도 상대가 말귀를 못 알아들었다면 다시 한 번 정확하게 전달하거나, 아니면 아예 포기하거나 둘 중 하나다.

'하지만', '그게 아니라'
_변명하다 나중엔 공격적으로

평소와 다름없이 일을 처리했지만, 예상대로 되지 않았다면 당연히 상대로부터 불만이 터져나올 것이고, 듣기 싫은 소리도 비수처럼 꽂힐 것이다.

이런 경우 누구든 자신을 지키기 위해 잔뜩 몸을 움츠리게 된다. 기분 나쁜 소리를 듣고 싶어하는 사람은 아무도 없다. 주위 시선이 자신에게 쏠리면 이 수치스러운 상황을 어떻게든 피해야겠다고 생각하게 된다. '하지만', '그게 아니라'는 이런 상황에서 항상 터져나오는 말들이다.

'하지만'

9시 7분. 지각이다. 자리에 앉자마자 상사로부터 큰 소리가 날아든다.

"○○씨, 오늘은 10시부터 지점장 회의가 있으니까 10분 일찍 출근하라고 하지 않았나? 그런데 뭐하는 거야, 도대체! 다들 열심히 준비하고 있는데 말야."

"죄송합니다. 하지만 평소보다 10분 일찍 집을 나왔거든요."

"또 지하철이 늦게 왔나?"

"하지만 사실인걸요."

아무리 사실이라고 해도 첫 대답이 '하지만'이라면 조금 곤란하다. 10분 일찍 출근하기 위해 20분, 혹은 30분 더 일찍 출발하는 성의가 필요하다. 결국 이를 이행하지 못한 자신에게 문제가 있다.

상사 또는 윗사람의 주의에 반사적으로 '하지만'이라는 말이 나오는 사람은 신뢰하기 어렵다. 항상 변명을 입에 달고 산다는 얘기이기 때문이다.

변명의 유혹에 빠지지 않도록 주의하자. 지각을 해서 사람들에게 폐를 끼쳤다면 '하지만'이 아니라 '죄송합니다' 하고 솔직하게 사과하는 모습이 더 바람직하다.

'그게 아니라'

밤 10시에 야근을 마치고 회사에서 나섰다. 방금 전 아내에게 출발한다는 문자를 보낸 상황인데 30분만 한잔 하고 가자는 동료의 꼬임에 빠져 옆길로 새어버렸다. 처음 계획대로 딱 30분 술을 마신 후 집으로 돌아왔다. 그런데 문을 열어준 아내의 첫마디가 "늦었네"였다.

"문자 보냈잖아."

"그게 아니라 지금이 벌써 11시 반이야."

"그게 왜?"

"그게 아니라 11시에는 들어왔어야지."

아내의 '그게 아니라'는 30분이나 늦은 남편을 탓하는 의미다. 남편은 '고작 30분인데' 하고 짜증스러워한다. 당신이라면 어떻게 말하겠는가?

'죄송하네요'
_사죄도 아니고 비꼬는 것도 아니고?!

비아냥거림은 돌려서 하는 비난이며, 비꼬는 마음을 담은 잔소리
이기도 하다.

직설적으로 말하면 될 것을 애매한 말투로 상대를 당황하게 만든
다. 그리고 화난 상대를 보고 우월감에 빠지기도 한다. 일부러 비아
냥거리며 복수라도 하려는 속뜻일까?

'죄송하네요'

S양은 속상한 일이 있어도 제대로 말을 하지 못하는 성격이다.
설상가상 그녀의 상사는 명령조로 이거 해라, 저거 빨리 해라, 하며
마구잡이로 일을 시켜대는 타입이다. 어느 날 상사는 그녀에게 "행

사 스케줄은 다 완성되었나?" 하고 재촉했다.

"지금 만들고 있습니다."

"아직도 안 되었나? 일이 급한데……. 그것 말고도 준비해야 할 게 많잖아."

그러나 S양은 바쁜 일이 쌓여 있고, 아무리 지시라고 해도 일에는 순서가 있는 것이라 짜증이 났다. 때문에 그녀는 "죄송하네요. 아직 안 되었습니다" 하고 딱딱하게 말하고 말았다. 그러나 이런 식의 발언은 문제를 해결해주지 못한다. 그보다는 자신의 상황을 정확하게 설명해야 한다.

집에서도 아내가 남편에게 비꼬는 투로 "미안하네요" 하고 말하는 경우가 적잖이 있다.

"신청서 보냈나?"

"아직요."

"뭐야? 벌써 보낸 줄 알았는데, 아직까지 안 보냈단 말이야?"

"참, 미안하게 됐네요."

"무슨 말투가 그래?"

"왜 미안하다고 했는데."

"당신 언제부터 그런 비꼬는 말투를 하게 된 거야?"

"왜 화를 내?"

세상 물정 모르는 남편을 혼내주는 데 비꼬는 말 한마디가 효과적이기는 하다. 그러나 습관이 되면 오히려 역효과가 난다는 사실을 잊지 말자.

'제가 머리가 나빠서요'

상대의 설명이 어려워서 도저히 알아듣지 못하는 경우 "제가 머리가 나빠서 도저히 모르겠네요" 하고 말하는 사람이 있다. 하지만 다음과 같이 정직하게 말하면 한결 분위기가 좋을 것이다.

"미안해요. 잘 모르는 부분이 있어서 그러니 다시 한 번만 설명해 주세요."

'네, 네'

_ 진중하지 않고 경박하게 느껴질 수도

눈이 휘둥그레져서 안절부절못하고 안정감 없이 행동하는 사람은 신뢰하기가 어렵다. 자신감이 없는 사람처럼 비치기 때문이다.

대답을 할 때도 신중한 사람인지 아닌지가 드러난다. 누가 자기 이름을 부르면 '네' 하고 똑똑한 어조로 대답하고 상대에게 다가가는 것이 기본이다. 그러나 이런 기본 매너조차 몸에 배지 않은 사람들이 많다. 처음에는 대답이 없다가 다시 한 번 불러야 "알고 있습니다" 하고 말하기도 한다.

그 말은 결국 다 들었으면서도 대답하지 않았다는 뜻이다. 이는 상대를 무시하는 행위다.

대답을 잘하는 사람은 대개 좋은 평가를 받는다. 자신을 부르는 소리에 분명하게 '네' 하고 대답하는 타이밍이 관건이다.

'네, 네'

누군가 부르면 당황해서 '네, 네' 하고 두 번 반복해서 대답하는 사람도 있다. 딴생각을 하고 있거나 다른 것에 정신이 팔렸다가 갑자기 이름이 불리자 급하게 응답하는 느낌을 준다. 병원 대합실 등에서 자주 볼 수 있는 경우다.

'네, 네' 하는 대답은 자칫 안정감이 없고 가볍고 자신감이 없어 보일 수 있다. 이 같은 말투는 자신도 모르는 사이에 금세 입에 붙어버리기 때문에 특히 주의해야 한다.

한편 친절하게 응대한다고 해서 지나치게 미소를 띠며 상대에게 다가서는 여성이 있는데, 직장 내에서는 오히려 역효과를 낼 수 있으므로 적당히 조절하도록 하자. 사람에 따라서는 불손하게 받아들일 수도 있다.

'몰라~요'
_눈웃음, 어리광을 받아주는 남성도 있지만

대답을 할 때 '네'를 '네~에' 하고 길게 늘여서 여성스러움을 강조하는 사람도 있다. 귀엽게 보이고, 상대에게 기대어 호의를 끌어내려는 속셈이 엿보인다.

이번 책을 기획하면서 실시한 앙케트에서 '짜증나는 여자들의 말투'라는 질문에 가장 많이 지적받았던 것이 바로 말꼬리를 늘여서 "설마~", "아이~", "정말요~"라고 말하는 습관이었다.

연인 사이라면 귀여워 보일 수도 있겠지만, 직장에서는 능력을 의심받거나 미덥지 못한 느낌을 줄 수 있다. 직장에서는 말투를 분명하게 하는 것이 기본이다.

'몰라~요'

모르는 것은 부끄러운 일이 아니다. 그러므로 "잘 모르겠으니 가르쳐주세요" 하고 분명하게 말하는 것이 좋다.

그러나 잘생긴 남자나 엄한 상사 앞이라면 좀처럼 입이 떨어지지 않는다. 그래서 "몰라~ 요" 하고 애교를 부리거나 아양을 떨기도 한다. 순종적임을 어필하는 것이다.

물론 이에 넘어가 친절하게 가르쳐주는 남자도 있다. 하지만 대부분은 콧소리 내는 여자를 부담스러워한다는 사실을 알아두자.

'어떻게 좀 해줘요'

어리광이 버릇이 되면 타인에 대한 의존도가 심해져서 자립심이 점차 약해진다. "잘 모르겠어요"가 "못하겠어요"로 가더니 나중에는 "어떻게 좀 해줘요" 하며 완전히 의지하는 자세가 된다. 어리광을 피우는 자세는 빨리 고치는 것이 좋다.

'당신도 그렇잖아'
_일방적인 판단은 서로가 괴로워

자신이 생각하는 바를 상대에게 강요하는 사람이 있다. 자신이 그렇게 생각한다고 해서 그렇게 되는 것도 아닌데 이를 한사코 주장한다. 이렇게 제멋대로인 사람은 주변에서 환영받지 못한다.

후배가 옆자리에 앉자 여자 선배가 말을 건다.

"피곤하구나."

"네?"

놀란 얼굴을 하자 재차 말한다.

"피곤하잖아, 지금."

"아니요, 그렇게 피곤하지 않은데요."

"네가 잘 모르는 것뿐이야. 실은 피곤할 거야."

"그렇지는 않아요."

"아냐, 이제 건강도 생각할 나이야."

이 말을 들은 후배는 속으로 짜증을 내면서 선배가 별 참견을 다 한다고 생각했다.

'당신은 외로움을 많이 타는군요'

동료 남자 직원이 하나밖에 없는 여동생이 해외 근무를 나가게 됐다는 이야기를 했다.

"영어를 잘해서 전부터 해외 근무를 희망했거든요. 본인이 좋아해서 나도 기쁘긴 하지만 한편으론 하나뿐인 여동생이라 걱정도 되네요."

이 이야기를 듣고 있던 동료 여직원이 말했다.

"Y씨, 당신은 실은 외롭군요."

"외롭다기보다 동생한테 무슨 일이라도 생기면 어쩌나 걱정이죠."

"그렇죠. 어쨌든 Y씨는 외로움이 많아요. 나는 벌써 눈치 챘어요."

그녀는 만족한 듯 미소를 지으며 이렇게 말을 하는 것이다.

이렇게 일방적으로 규정을 해버리면 상대방은 반발을 하게 된다. 설사 그런 생각이 들었다 하더라도 이를 강요당하면 기분 좋게 받아들일 수 없다.

이럴 때는 분위기를 바꿔 '혹시', '어쩌면'이라는 전제를 조심스럽게 붙여 의사를 피력하는 것이 좋다.

"그런 말은 처음 듣는데요" 하는 상대의 말에 "아, 그럼 어떤 이야기를 많이 듣죠?" 하고 물어 상대의 이야기에 귀를 기울여본다.

앞의 예에서도 이런 식으로 대화를 이끌어갈 수 있다.

"Y씨는 요즘 여동생하고 이야기를 자주 하나요?"

"네. 동생이 워낙 말을 많이 해요."

"그래요? 동생이 떠나면 쓸쓸해지겠네요."

이런 정도로 대화가 전개되면 Y의 성격도 알 수 있고, 대화도 즐겁게 마무리될 것이다. 일방적인 판단은 대화를 중단시킨다. 말하는 사람의 자기만족으로 끝나버리기 때문이다.

'네에?'

_ '무슨 바보 같은 소리예요?'라는 뉘앙스

남자들 중에는 머리도 좋고 능력도 있지만, 게으르고 좀처럼 협조해주지 않는 타입이 꽤 있다. 한편 여자들의 경우는 머리 회전이 빠르고 유능한 사람은 대부분 성실하고 일도 열심히 한다.

일에서 능력을 발휘하는 여자는 대개 매력적이고 멋지다. 이야기도 재미있게 하고 밝고 건강하며 힘도 넘친다. 개중에는 잘나가는 것을 무기로 잘난 체하는 여자도 있지만, 극히 일부에 지나지 않는다.

그런데 이처럼 유능하고 강인한 여자들이 쓸데없이 남자들과 힘겨루기를 하는 것을 보면 안타깝기 그지없다.

대부분의 남자는 그리 뛰어나지 못하며 유능한 부류는 소수일 뿐이다. 그런데 이상하게도 능력 있는 여자들이 대결하려는 이들은 대개 유능한 척하는 중간 레벨의 남자들이다.

'네에?'

능력 있는 여자 중에는 남자가 이상한 발언을 계속하면서 고집을 피울 때 강한 어조로 "네에?" 하고 반문하는 경우가 있다.

이때의 '네에?'는 상대를 아래로 내려다보는 뉘앙스가 있으며 '말이 안 된다', '어떻게 그런 바보 같은 소리를 하느냐'는 뜻이 담겨 있다. 이 말을 들으면 상대는 콤플렉스를 느끼고 화를 내게 된다. '네에?'가 입버릇처럼 나오는 사람이 있는데, 사용하지 않는 것이 좋다.

'그렇다니까'

옆 동료가 "A사를 견학하고 나서 충격을 받았잖아. 진짜 대단해" 하고 말하자 이미 다 알고 있었다는 듯 "그렇다니까. 우리 회사도 더 분발해야 돼" 하며 잘난 척을 한다.

상대의 발언에 대해 '그런 정도는 이미 알고 있다'는 뉘앙스가 담겨 있다. '그렇다니까'라는 말 속에는 '여태 몰랐어?' 하는 의도가 숨어 있으므로 상대는 할 말을 잃고 만다.

경쟁을 하려면 상대를 깔볼 것이 아니라 존중하는 것부터 시작해야 한다.

'내가 뭐 그렇지'

_대답이 궁할 때 자기 비하의 한마디

앞의 경우와는 반대로 자신감 없이 스스로를 비하하는 사람도 있다. 자신을 아는 일은 결코 쉽지 않다. 지나친 자신감도, 자기 비하도 왜곡된 표현이다. 대부분의 사람들은 이중 어느 한쪽에 조금씩 치우쳐 있기 쉽다.

'내가 뭐 그렇지'

이런 말을 하는 의도를 들여다보면 아주 복잡하다. 때문에 듣는 사람은 당황하지 않을 수 없다. 본심이 진짜 그런 것인지, 아니면 상대의 반응을 살피려고 하는 것인지 알 수가 없다. 그래서 대개는 "왜 그렇게 생각해요?" 하고 부드럽게 무마하려고 한다.

그러나 이 말을 심각하게 받아들여서 "그런 식으로 말하면 곤란하지. 내가 만약 정말 당신에게 한심하다고 말하면 어떻게 할 거야?" 하고 나온다면?

언젠가 어느 행사의 진행을 맡았던 적이 있다. 이때 안내를 위해 A4 종이에 "회의장은 이곳입니다" 하는 글을 매직으로 크게 썼는데, 내가 보아도 글씨가 엉망이었다. 그래서 무심코 "진짜 글씨가 엉망이네" 하고 중얼거렸는데, 옆에서 보고 있던 여자가 한마디 거들었다.

"진짜 그렇네요."

비록 그게 사실이지만 내 마음 한구석에는 "그렇지 않아요. 후쿠다 씨의 글씨는 재미있고 인간미가 있어요"라는 말을 기대하고 있었다.

"내가 뭐 그렇지" 하고 말을 하면서도 속으론 "그렇지 않아요" 하고 상대가 부정해주길 바라는 게 사람의 마음이다. 오히려 장점을 덧붙여서 위로받고 싶은 것인지도 모른다.

'나이가 나이인 만큼'

30대 여성으로부터 "나는 나이도 먹을 만큼 먹었고"라는 말을 듣고 말문이 막혔던 적이 있다. 이런 말은 분위기를 싸늘하게 만든다.

실제로 나이를 따지기 위해서가 아니라 분위기에 맞춰 흥을 돋우는 정도에서 사용하는 것이 좋겠다.

　말은 더할 나위 없이 중요하다. 말을 윤기 있게 잘하는 것은 역시 말하는 사람의 마음가짐에 달려 있다. 어떤 마음으로 상대를 대하는가가 중요한 포인트다. 말투는 곧 그 사람의 '마음가짐'이라고도 할 수 있다.

여자는 말하는 법으로 90% 바뀐다

초판 1쇄 발행 2018년 7월 7일

지은이 후쿠다 다케시
옮긴이 송수영
펴낸이 명혜정
펴낸곳 도서출판 이아소

등록번호 제311-2004-00014호
등록일자 2004년 4월 22일
주소 04002 서울시 마포구 월드컵북로5나길 18 1012호
전화 (02)337-0446 **팩스** (02)337-0402

책값은 뒤표지에 있습니다.
ISBN 979-11-87113-28-7 03320

도서출판 이아소는 독자 여러분의 의견을 소중하게 생각합니다.
E-mail: iasobook@gmail.com

이 도서의 국립중앙도서관 출판예정도서목록(CIP)은 서지정보유통지원시스템 홈페이지(seoji.nl.go.kr)와
국가자료공동목록시스템(nl.go.kr/kolisnet)에서 이용하실 수 있습니다. (CIP제어번호 : CIP2018017942)